AF362747

CONGRÈS INTERNATIONAL

D'ANTHROPOLOGIE

ET

D'ARCHÉOLOGIE PRÉHISTORIQUES

CONGRÈS INTERNATIONAL

D'ANTHROPOLOGIE

ET

D'ARCHÉOLOGIE PRÉHISTORIQUES

SESSION DE 1874

A STOCKHOLM

NOTES DE VOYAGE

PAR

I.-J. KRASZEWSKI

DE L'ACADÉMIE DES SCIENCES DE CRACOVIE

Nulla dies sine linea.

PARIS

LIBRAIRIE DU LUXEMBOURG

16, RUE DE TOURNON, 16

1874

L'auteur de ces lignes ne prétend pas à l'honneur d'être un rapporteur officiel des travaux du Congrès, il rend tout simplement compte de ses impressions, afin de rectifier les inexactitudes et les informations fausses qu'il a trouvées à ce sujet dans beaucoup de journaux.

Ses habitudes littéraires sont trop invétérées pour lui permettre de rédiger un bulletin sec et sans couleur. Il a besoin que ses lecteurs excusent sa manière de s'exprimer, parfois trop franche, et son français qui sent un étranger. On y reconnaîtra facilement un Polonais, qui, hélas! mourra dans l'impénitence finale, c'est-à-dire Polonais comme il est né. Cela ne l'empêchera pas d'être impartial et juste envers tout le monde.

Les études préhistoriques sont presque nées d'hier. L'idée des Congrès internationaux d'anthropologie et d'archéologie préhistorique est due à l'initiative du professeur (commandeur) Capellini, fondateur du premier Congrès à la Spezzia en 1865. Le second a eu lieu à Neuchâtel, le troisième à Paris en 1867. MM. Capellini, Mortillet, Desor, Bertrand, de Quatrefages, Vogt, etc., ont le plus contribué à donner un essor nouveau et un programme définitif aux études préhistoriques. En 1868, le Congrès s'assemblait à Norwich, en 1869, à Copenhague, puis à Bologne, à Bruxelles et enfin à Stockholm.

Le choix de cette ville, comme celui de Copenhague, était parfaitement justifié par les admirables collections d'antiquités du Nord, rassemblées dans les musées de ces capitales et par les travaux de Nilsson, Worsaæ et autres savants scandinaves, sur les monuments préhistoriques.

Pour rectifier les notes que nous avons pu prendre à la hâte, en assistant aux séances du Congrès, nous nous sommes servi de neuf numéros du *Petit Bulletin officiel,* imprimé à Stockholm. Il nous a été quelquefois d'un grand secours, car la voix de quelques orateurs parvenait à peine à nos oreilles; mais, d'autre part, en le comparant avec nos notes, nous l'avons mainte fois trouvé insuffisant et même erroné.

Nous reproduisons seulement l'idée générale des mémoires et des communications qui ont été lues au Congrès.

Dresde, le 26 avril 1874.

CONGRÈS INTERNATIONAL

D'ANTHROPOLOGIE

ET

D'ARCHÉOLOGIE PRÉHISTORIQUES

Un mois avant le terme de l'ouverture du Congrès, on savait déjà qu'un nombre considérable d'étrangers s'étaient fait inscrire comme membres de l'assemblée future. On prononçait le chiffre de cinquante environ et on parlait de six cents Suédois qui, par leurs souscriptions, voulaient aider la commission, en se cotisant pour les frais considérables que la réception des arrivants et les publications devaient occasionner. C'était de leur part une œuvre de patriotisme et d'hospitalité.

Le changement survenu en Suède à la mort de Charles XV avait fait monter au trône S. M. Oscar II, qui s'était déclaré protecteur du Congrès, et n'a pas voulu l'abandonner, malgré la haute mission qui lui était dévolue. C'était la première fois qu'un prince régnant acceptait ce titre de protecteur des études préhistoriques.

Le 5ᵉ du mois d'août, une foule d'étrangers

encombraient les bureaux du chemin de fer de Malmö à Stockholm. Les uns venaient par Copenhague, les autres par Stralsund et l'Allemagne. On avait de la peine à se procurer des billets ; les wagons étaient pleins, et toutes les langues de l'Europe, fraternellement mêlées, se faisaient entendre à la gare. Des visages joyeux saluaient la terre hospitalière de Suède. Malgré les difficultés provenant d'une langue inconnue à la plupart des arrivants, on s'était fait comprendre tant bien que mal, et le train emportait, vers les deux heures de l'après-midi, quelques centaines d'archéologues de tous les pays du monde vers la capitale de la Suède. Il y avait des Anglais, des Américains, des Français, des Belges, des Italiens, etc., entre autres le professeur Capellini, le docteur Virchow, MM. de Quatrefages, Dupont, Bertrand, Desor et plusieurs autres notabilités. Les connaissances de Bologne et de Bruxelles renouaient d'anciennes relations.

Nous avions devant nous la perspective peu attrayante d'un voyage de seize heures non interrompu en chemin de fer, sur une ligne qui traverse la Scanie, une des plus fertiles provinces de la Suède, pour se jeter au delà de Lund dans une des plus sauvages et des moins cultivées. Le paysage, vers le soir, prit une physionomie sévère et triste, mais imposante, un caractère septentrional, mais fort beau. Ce n'est pas une beauté riante et attrayante au premier aspect, mais quelque chose de majestueux, de poétique, et qui impressionne vivement. Partout, entre des rochers grisonnants et des pierres accumulées, couvertes de mousse, se dressent des pins, des bouleaux, des genévriers, des chênes se mirant dans des lacs, qui charment par leurs formes, leur étendue, leur limpidité, et dont les rives sont découpées d'une manière fantasque et telle qu'un peintre les aurait voulues; des petites îles flottent, comme des corbeilles de verdure, sur les eaux. Au milieu de ces sombres forêts apparaissent çà et là une maisonnette peinte en rouge, un clocher d'une forme originale, une hutte solitaire assise sur un roc, un puits rappelant la Hollande et la Pologne, avec son long bras pendant au-dessus de la source.

En regardant ce pays de rochers et de blocs erratiques, les savants devaient involontairement penser à l'âge de la pierre.

A Lund, siége d'une université célèbre, le convoi prit l'illustre Nilsson, avec sa fille (une artiste distinguée), qui l'accompagnait au Congrès.

Aux approches de Stockholm, le paysage devint moins sévère, plus animé; quelques maisons de campagne avec des parcs se montraient dans le lointain. Les beaux lacs, qui font de la Suède un des pays les plus admirablement créés pour le peintre, devenaient plus nombreux et s'étendaient, à gauche et à droite, comme d'immenses miroirs encadrés dans le sombre lointain des collines boisées.

Enfin la capitale parut à l'horizon, annoncée par un dôme et un clocher, puis des maisons vinrent soudain se grouper sur notre route, et après avoir passé un long tunnel, qui s'engouffre dans le rocher sur lequel une partie de la ville est bâtie, nous saluâmes le plus beau panorama de l'Europe, après celui de Naples et de Constantinople. La ville apparut comme par enchantement avec ses belles maisons, ses canaux, ses vaisseaux, et l'animation de ses rues, encombrées d'hommes et de charrettes à deux roues. Après cette nature sauvage que nous avions contemplée pendant des heures entières, le contraste de cette ville, que le soleil venait précisément dorer de ses rayons, était vraiment saisissant.

Stockholm ne ressemble à aucune autre ville de l'Europe : c'est la Venise du Nord, si vous voulez, mais rajeunie, plus grandiose et se tenant vigoureusement debout, tandis que la reine de l'Adriatique, malgré sa beauté, semble décrépite et mourante.

A peine installés dans un magnifique Grand-Hôtel qui n'a rien à envier à celui de Paris et de Vienne, et qui venait d'être terminé précisément pour le Congrès, nous allâmes présenter nos respects au président du Congrès futur, M. le comte Henning Hamilton. Nous avions peu d'espoir de le trouver chez lui, mais l'aimable et respectable vieillard nous reçut avec une bienveillance qui, malgré ses fatigues, ne s'est jamais démentie pendant le Congrès et lui gagna tous les cœurs. Nous remplîmes encore la formalité de nous inscrire à la Chancellerie et rendîmes une visite à M. le secrétaire général Hans Hildebrand.

La soirée restait pour nous orienter dans la ville,

où de bonnes connaissances et d'affectueux amis ont bien voulu nous montrer les plus remarquables monuments. Nous aurions beaucoup à dire sur la beauté originale de Stockholm, mais nous n'écrivons pas des impressions de voyage.

Le 7 août, à deux heures, eut lieu la séance d'inauguration du Congrès dans la belle salle du palais équestre (Riddarhuset) où siégeait la noblesse au temps des diètes. Elle a cela de remarquable, qu'elle est toute tapissée des armoiries de la noblesse suédoise, dont bon nombre nous sont connues, car beaucoup de familles suédoises avaient des lettres de naturalisation (indigénats) en Pologne. La séance d'ouverture fut solennelle; tous les membres parurent en habit de ville avec leurs ordres, excepté ceux que leur âge et leurs habitudes républicaines laissaient libres de s'habiller comme bon leur semblait.

Les anciens présidents des congrès précédents prirent place au bureau, et M. le comte Hamilton souhaita la bienvenue à l'assemblée dans un discours chaleureusement applaudi. Sur une proposition du professeur Capellini, un des présidents honoraires du Congrès, M. le comte Hamilton fut élu président de la session par acclamation; M. Capellini salua le Congrès de la part de S. A. Royale le prince Humbert d'Italie, protecteur de la session de Bologne. Le secrétaire du comité d'organisation lut la liste des délégués des gouvernements étrangers (France et Italie), et celle des sociétés savantes (Académie des sciences de Cracovie, Société des amis des sciences de Posen, Musée national de Rapperswyll, etc.). Il raconta ensuite les progrès des études préhistoriques en Suède, qui remontent, ici et en Danemarck, à une époque où elles étaient encore fort négligées ailleurs.

On procéda ensuite aux élections, et M. Worsaæ rappela la coutume, qui veut que les nationalités représentées au Congrès fassent aussi partie du conseil.

La liste votée sur la proposition du bureau comprend les noms suivants :

Président : M. le comte Henning HAMILTON.

Présidents honoraires :

M. CAPELLINI (Italie);

M. WORSAÆ (Danemark);

M. le professeur E. DESOR, président du Congrès de Neuchâtel (Suisse).

Vice-présidents :

M. le Dʳ B.-E. HILDEBRAND (père), de l'Académie royale suédoise, secrétaire de l'Académie royale d'archéologie (Suède);

M. S. NILSSON, membre de l'Académie royale d'archéologie et de celle des sciences (Lund, Suède);

M. de QUATREFAGES, de l'Institut (France);

M. A.-W. FRANKS, esq., directeur du musée d'antiquités au British Museum (Angleterre);

M. le Dʳ VIRCHOW (Allemagne);

M. E. DUPONT, directeur du musée royal d'histoire naturelle, à Bruxelles (Belgique);

M. le Dr C. LEEMANS, directeur du musée d'archéologie à Leyde (Pays-Bas);

M. le professeur Anatole BOHDANOF (Russie).

Secrétaire général : M. Hans HILDEBRAND, premier conservateur du musée royal d'archéologie. Stockholm (Suède).

Secrétaires :

M. Oscar MONTÉLIUS, second conservateur du musée d'archéologie (Suède);

M. le Dr RETZIUS, secrétaire de la Société d'anthropologie. Stockholm (Suède);

M. Ernest CHANTRE, attaché au muséum de Lyon;

M. CAZALIS DE FONDOUCE (Montpellier, France).

Secrétaires adjoints :

M. H. STOLPE, attaché au musée d'archéologie de Lund (Suède);

M. LANDBERG (Suède?).

Conseil :

M. A. BERTRAND, directeur du musée de Saint-Germain (France);

M. BERTHELOT, membre de l'Institut (France);

M. John ÉVANS, esq. (Angleterre);

M. von QUAST, conservateur des monuments en Prusse (Allemagne);

M. le professeur SCHAFFHAUSEN (Allemagne);

M. le Dr L. PIGORINI (Parme, Italie);

M. van BENEDEN (?);

M. C. ENGELHARDT, professeur, secrétaire de la Société royale des antiquaires du Nord (Danemark);

M. Ch. Rygh, professeur du lycée de Trontheim (Norvége);

M. le baron G. van Duben, professeur. Stockholm (Suède);

M. J.-R. Aspélin (Finlande);

M. Lerch, premier secrétaire de la commission archéologique à Saint-Pétersbourg (Russie);

M. Romer (Breslau, Allemagne);

M. Whitney (?).

Nous déplorons que des causes, qui nous sont restées inconnues, n'aient pas permis que, selon le principe énoncé par M. Worsaæ, toutes les nationalités qui prenaient part au Congrès n'aient pas eu une représentation réelle dans le conseil. Entre autres, la nôtre comptait dix membres présents, dont aucun n'a eu l'honneur de faire partie du conseil (comme à Bologne), tandis que des nationalités plus heureuses y étaient doublement représentées, et que la Finlande elle - même n'était pas omise. Nous nous bornons à constater ce fait [1]...

---

1. Jamais nationalité ne fut plus injustement jugée et condamnée que la nôtre: toutes les circonstances atténuantes qui allégeraient le poids de nos fautes (et quelle nation en est exempte?) ne comptent pas pour nous; tout ce qui les aggrave, on le fait sonner bien haut. Pour les uns nous sommes des révolutionnaires incorrigibles, qui ne savent pas mourir, comme disait Proudhon; pour les autres, des attardés et des réactionnaires, niant la lumière et le progrès. Une dame française, qui par hasard se trouvait près de nous à Upsala, ayant reconnu en nous un Polonais, eut l'amabilité de nous rappeler tout de suite la Commune de Paris et la part que les Polonais y ont

Selon l'ancienne coutume, après la séance, les
membres se réunirent pour dîner ensemble au Grand-
Hôtel, et puis, vers six heures, à Hasselbacken, où
la ville de Stockholm a bien voulu fêter les étrangers,
avec une munificence et une hospitalité qui lui font le
plus grand honneur. Musique, illumination, feux d'artifice, drapeaux, souper et toasts... tout était splendide, et on est resté dans ce jardin charmant, élégamment décoré, jusqu'à onze heures du soir.

Après le baron af Ugglas, gouverneur de la ville,
qui salua les hôtes par un discours prononcé avec un
vrai talent d'orateur, plusieurs membres prirent successivement place à la tribune pour remercier la nation
suédoise et la capitale de leur accueil hospitalier. Un
Français, un Belge, un Italien, deux Allemands, dont un
prononça son discours en allemand, se firent entendre
et applaudir. On porta un toast à l'Islande, qui était
un des plus chaleureux et des plus beaux, car il était
pénétré du plus pur amour pour la science et la lumière.

prise malheureusement; un quart d'heure après, un représentant de
la grrrande nation germanique nous condamna à être dévorés par la
Prusse, parce que nous étions... incivilisables (pardon du mot!). La
nation paye pour des individus égarés, les individus pâtissent pour
tout ce qu'on impute à la nation... Nous sommes devenus les parias
de l'humanité.

Les Polonais, dispersés partout, sont en très-petit nombre en
Suède, mais ils ne pouvaient y être mieux représentés que par
M. Henri Bukowski, qui jouit à Stockholm de la considération et de
l'estime générales. Il la doit à une noblesse de caractère, à un désin-
téressement rare, à un travail assidu. Ces quelques mots sont loin de
dire tout ce qu'il a de mérite.

Tout cela était fort beau et mettait à l'unisson les esprits et les cœurs. On se sentait dans un pays heureux, libre, et dont une civilisation fausse n'a pas altéré les dons naturels.

Samedi, le 8 août, à dix heures, eut lieu la première séance du Congrès. Le fauteuil de la présidence était occupé par le professeur Capellini. M. le secrétaire général lut la liste des ouvrages offerts par divers savants au Congrès. Selon le programme, on devait discuter la question suivante :

Quelles sont les traces les plus anciennes de l'existence de l'homme en Suède?

M. Torell (directeur du bureau géologique à Stockholm) commença par lire une communication sur les formations géologiques de la Suède, dans lesquelles se trouvaient les antiquités les plus anciennes. Selon lui, il est peu probable que l'homme ait habité la Suède pendant l'époque glaciaire ; — l'âge de la pierre taillée ne s'y trouve pas, et les antiquités ne remontent pas au delà de l'âge de la pierre polie. Vu le climat et la position géographique, cette opinion est la plus probable.

Après M. Torell, M. le baron de Kurck (Rynge-Ystad, Suède) prit la parole sur la première question. Il est aussi d'avis que l'âge de la pierre taillée n'existe pas en Suède, même en Scanie et dans les autres provinces méridionales qui ont été les premières peuplées. Selon M. de Kurck, l'âge de la pierre, qui a laissé des traces abondantes dans ces contrées et qui y apparaît aussi perfectionné que sur les îles danoises, ne saurait être partagé en deux époques. Les types rudes et perfectionnés viennent ensemble et simultanément. Il s'appuie sur des recherches, sur des faits, et invoque pour témoin le résultat de ses fouilles dans le pays.

Cette opinion n'est point partagée par M. Worsaæ, qui a le premier observé et déterminé deux époques distinctes de l'âge de la pierre en Danemark, eta supposé une migration de la population venant de l'ouest et s'établissant en Scanie. M. Worsaæ (nous citons le bulletin officiel) démontre que « les premiers habitants du Nord ne sont parvenus dans le Jutland que lorsque les côtes étaient déjà peuplées. Ils ne sont arrivés dans la Fionie, la Zélande et la Scanie que beaucoup plus tard, alors que la civilisation avait fait déjà des progrès considérables ».

M. Worsaæ soutient qu'il y a en Suède une époque distincte de la pierre taillée et qu'on ne trouve à côté d'elle que des os d'animaux et aucune trace de pierre polie et des monuments plus récents.

M. Évans réplique en confirmant l'opinion du baron de Kurck. Il croit que les divisions de l'âge de la pierre ne peuvent pas être établies d'après l'état des silex trouvés, qui pouvaient être préparés et non polis, quoique les hommes eussent les moyens de le faire. Ils les laissaient à demi terminés, non par impuissance, mais pour s'épargner un travail inutile. Aussi faut-il, selon M. Évans, s'appuyer non-seulement sur l'exécution des objets trouvés pour les classer, mais prendre en considération leur position et la faune qui les accompagne. En France et en Angleterre, on a constaté dans les graviers la présence simultanée des instruments paléolithiques avec des ossements d'animaux quartenaires. Les glaciers ayant sans doute plus longtemps persisté en Scandinavie que dans l'Europe occidentale, il est probable que les hommes ne se sont établis dans ces contrées que plus tard, quand le climat est devenu plus favorable. Cela confirme l'assertion du baron de Kurk, qui croit que l'âge de la pierre taillée proprement dit n'existe pas dans le Nord.

M. Worsaæ répond que ce sont les types qui constituent les divisions, que les objets soient polis ou non. L'époque néolithique scandinave est caractérisée par des spécimens nombreux dans les musées de Copenhague et de Stockholm, qui ne trouvent leurs pareils nulle autre part.

M. Évans ne nie pas l'importance du type et se trouve du même avis.

La discussion s'animant, M. Hamy prétend que les traces de l'homme quartenaire en Scandinavie ont été constatées. Il rappelle que M. Ch. Martins aurait trouvé des débris d'une cabane de pêcheur avec des ustensiles de ménage dans les dépôts glaciaires aux environs de Södertelje, et croit qu'il importerait d'élucider ce fait, qui aurait une grande portée scientifique, s'il était constaté.

Le professeur Desor prend part aux débats, en

exprimant des doutes sur la possibilité de l'existence de l'homme dans cette contrée boréale, à une époque aussi reculée. Il demande que le fait même de la découverte mentionnée soit constaté et prouvé, car on en a déduit des conséquences qui lui semblent inadmissibles. Le professeur Desor rappelle encore des découvertes faites par Lartet dans le Périgord et par d'autres en Allemagne et en Suisse. Partout on a découvert des traces de l'industrie humaine, mêlées à des ossements d'animaux d'origine septentrionale et à une flore du Nord. Récemment, à Schaffhouse, on a découvert, accompagné de la même faune, un fragment de bois de renne orné d'un dessin représentant un renne broutant. Si l'homme à cette époque pouvait à peine vivre sous une latitude de 47° à 48°, comment lui était-il possible d'exister à 20° de plus au nord, avec un climat qui devait être beaucoup plus dur?

Ce raisonnement fait douter M. Desor de la découverte, et il demande aux savants suédois des éclaircissements.

M. H. Hildebrand termine ces débats en donnant raison à M. Desor, et en avouant que la découverte de la cabane, faite il y a quarante ans, dans des conditions qui ne permettent plus de constater sa valeur scientifique, est au moins douteuse, et ne saurait être invoquée à l'appui de l'existence de l'homme quaternaire en Suède. La cabane paraît avoir une origine relativement moderne, et il est probable qu'elle a été ensevelie sous des couches de sable qui se trouvaient à côté d'elle. M. Bertrand est d'une autre opinion sur le climat probable de l'époque paléolithique en France et en Suisse, qu'il ne croit pas avoir été trop sévère, puisque sur vingt-deux espèces trouvées par le pasteur Frossard dans une caverne des Pyrénées, deux seulement appartiennent à des espèces éteintes et détruites par l'homme dans ces contrées, entre autres le renne. M. Bertrand prétend que le climat du midi de la France n'a jamais égalé celui de la Laponie.

M. Howorth prend la parole pour relever encore la question en litige, entre M. Worsaæ et Évans, au sujet des formes de la pierre polie. Il remarque une certaine analogie entre la succession des époques de l'industrie humaine en Europe et dans la Nouvelle-Zélande. Là aussi se retrouvent les deux époques de la pierre, grossièrement taillée et polie. En Europe, l'âge du bronze crée une époque distincte dans les pays du Midi. Le bronze primitif apporte des formes nouvelles, pour être reproduites en pierre. Les beaux poignards trouvés en Danemark le prouvent, selon M. Howorth, qui croit aussi qu'à la seconde époque de l'âge de la pierre, la Scandinavie, le Jutland et les îles danoises pouvaient former un seul et même continent[1].

M. de Quatrefages présente quelques observations sur la nature des pays montagneux et des plaines. Le

1. Dans des dimensions fort restreintes, nous avons eu récemment sous les yeux l'exemple d'un changement pareil par l'action de la mer, quand le Hüntensee, qui ne formait qu'un territoire avec l'isle de Rügen, en a été violemment séparé.

climat y est modifié par les altitudes. Quant aux instruments primitifs dont les hommes se servaient au début de la civilisation, il ne faut pas s'étonner que leurs formes se reproduisent partout. Lorsque les conditions de l'existence et les matériaux sont identiques, l'instinct fait le reste.

À l'appui de cette opinion, M. Howorth cite une hache des Maoris, qu'on ne pouvait pas distinguer de celles de l'Europe.

M. de Quatrefages est du même avis. (Cette opinion sur la puissance de l'instinct, produisant dans des conditions données des œuvres tout à fait pareilles, a été émise et prouvée par la comparaison des objets de l'industrie humaine, d'origines très-différentes et d'un caractère identique, par le docteur Klemm, de Dresde. Son musée renfermait des exemples fort intéressants.)

M. Desor prend la parole pour soutenir contre M. Bertrand son opinion sur le climat de l'Europe occidentale à l'époque paléolithique. Il s'appuie sur les trouvailles faites non-seulement dans les Pyrénées, mais aussi en Allemagne et en Suisse. On y a découvert des ossements de renne, d'éléphant, de renard bleu, d'ours des cavernes, d'élan. Ces animaux, particuliers au Nord, font actuellement présumer que le climat septentrional régnait aux bords du Rhin, à l'époque de leur existence. Au Nord il devait être encore plus rigoureux, et on ne saurait supposer que l'homme y ait vécu.

M. Engelhardt parle des découvertes récentes

faites en Danemark, qui laissent supposer une époque de transition entre celle de kjökkenmöddings et celle des dolmens. Les ateliers de fabrication des instruments dans l'île d'Oland sont des stations fort caractéristiques et très-intéressantes.

M. de Zawisza, de Varsovie, qui a le premier entrepris des fouilles dans les cavernes aux environs de Cracovie, lit une communication sur la grotte à laquelle il a donné le nom de « caverne de Mammouth », à cause de la grande quantité d'ossements de cet animal qu'il a trouvés. Cette station lui a fourni des instruments du type de la Madeleine, de petits objets en os et en bois de renne, des ossements d'animaux, du mammouth (*Elephas primigenius*), de l'ours des cavernes, de l'élan, du cerf, du renne, du cheval, du bison et de beaucoup d'autres dont le nombre va jusqu'à dix-neuf. Les ossements ont été déterminés par le docteur Fraas, de Stuttgard, et le professeur Ant. Slosarski, de l'Université de Varsovie[1].

Cette première séance, remplie de discussions et de communications pleines d'intérêt, était d'un excellent augure pour le Congrès.

---

1. Nous ne pouvons pas nous empêcher d'exprimer nos regrets que les récentes découvertes des stations lacustres en Pologne, à Kwaczala, faites par le délégué de l'Académie de Cracovie, M. Kirkor, n'aient pas trouvé de rapporteur au Congrès de Stockholm. M. Przyborowski, de Varsovie, a aussi signalé l'existence de pareilles stations en Pologne (gouv. de Lublin). Le travail de M. A.-H. Kirkor sur la station de Kwaczala a été publié en polonais, avec des gravures des objets trouvés dans les tourbières.

Vers les trois heures de l'après-midi, les membres se réunissent de nouveau. Le fauteuil présidentiel était occupé par M. Worsaæ. Après la lecture de la liste des ouvrages offerts au Congrès, comme de coutume, M. Hamy prit la parole sur les dépôts quaternaires du bassin de Grenelle, près Paris, observés et étudiés par feu Martin. M. Hamy considère ces dépôts et les superpositions des restes d'animaux et des monuments archéologiques qu'on y rencontre comme le type le plus parfait de la succession des diverses époques de l'âge de la pierre en France. On y a trouvé aussi trois types différents des crânes humains, qui démontrent l'existence des races distinctes et parfaitement caractérisées. M. Hamy rend hommage aux travaux consciencieux de feu Martin, auquel on doit ces observations.

Le programme de la séance de l'après-midi consistait dans la question suivante :

Peut-on établir les routes que, dans l'antiquité, le commerce de l'ambre jaune a suivies?

M. Stolpe aborde ce sujet; il recherche les points principaux de la provenance de l'ambre jaune et cite en premier lieu les côtes de la Baltique, celles de la mer du Nord, les dépôts tertiaires de la Pologne, de la Galicie et de la Prusse. Il mentionne aussi l'ambre de la Sicile, les couches tertiaires des environs de Catane. En Scandinavie l'usage et l'emploi de l'ambre coïncide avec l'usage du bronze et du fer. Les restes recueillis dans les tombeaux démontrent que les grains et pièces d'ambre, employés comme parures et ornements, deviennent mois fréquents dans les temps relativement modernes. On peut donc supposer que vers cette époque il est devenu rare, car on l'a transporté comme objet de commerce dans d'autres pays.

M. Capellini tâche de prouver que l'ambre de Sicile et celui des environs de Bologne, dont il présente un échantillon d'une grosseur peu commune, pouvaient suffire aux besoins de ces contrées ; par conséquent qu'on n'avait pas besoin de le faire venir des pays lointains. Il présume que les fragments d'ambre trouvés dans les nécropoles de l'âge du fer, à Villanova et Marzabotto, proviennent de l'Italie, et que ce n'est que plus tard que les Étrusques avaient pu le tirer aussi des pays du Nord par échange. Il cite plusieurs espèces et variétés de l'ambre, dont une classification (exagérée) donne jusqu'à quatre-vingts. M. Capellini croit que l'ambre rouge, dit polychrome, était particulièrement recueilli en Italie[1].

1. L'opinion du savant professeur, motivée par des trouvailles faites dans le Bolonais, est en contradiction avec les témoignages constants des anciens, qui attachaient le plus de prix à l'ambre du Nord ; il faut pourtant tenir compte de l'histoire écrite et d'autres faits, qui ne permettent pas de donner trop d'importance à l'ambre italien.

Ce que Pline dit (XXXVII) de l'ambre devrait être universellement connu. Il nie l'existence des îles Électriques, cite Théophraste qui dit qu'on le retirait de la terre en Ligurie, et d'autres auteurs qui le signalent en Égypte, dans l'Inde, en Syrie, au pied du promontoire des Pyrénées, dans le lac Céphisias, en Afrique, etc. Après avoir cité tous ces ouï-dire il ne trouve de certain que la production du succin dans les îles de l'Océan septentrional. « Affer-

Le docteur Wiberg fait la lecture d'un mémoire sur l'ambre, les principaux points de sa provenance dans le Nord et les routes présumables par lesquelles il devait être transporté vers le Sud. Ce travail consciencieux, basé sur des témoignages historiques et des trouvailles constatant le tracé des grandes routes commerciales de l'Elbe, de l'Oder, du Rhin et du Rhône ou de Marseille, épuise presque le sujet.

M. Virchow prend ensuite la parole pour l'ambre du Nord contre celui de l'Italie. Il croit que l'ambre rougeâtre de Bologne pouvait servir à d'autres usages, et que l'espèce opaline, lactée, plus précieuse et prisée davantage, provenait du Nord. (Pline témoigne précisément le contraire : *Maxima laus Falernis.*) M. Virchow rappelle que le commerce de l'ambre est attesté par des témoignages nombreux et des preuves irrécusables. On trouve les côtes du Samland mentionnées comme ambrifères dans une carte ancienne japonaise, et la

---

tur a Germanis in Pannoniam maxime, et inde Veneti primum, quos Græci Venetos vocaverunt, famam rei fecere, proximi Pannoniæ et agentes circa mare Adriaticum, etc., etc. » Selon Pline, c'est l'ambre *blanc* qui avait la meilleure odeur, mais celui-là était d'un prix relativement moindre, le « fulvis major auctoritas ». « Ex iis etiamnum amplior translucentibus, præterquam si nimio ardore flagrent : imaginem igneam inesse, non ignem, placet. Summa laus Falernis a vini colore dictis... »

On voit donc que l'ambre transparent, de couleur rousse, était le plus estimé. Pline trouve le prix exagéré, car une petite figurine d'homme en ambre se payait plus qu'un homme vivant et vigoureux. etc., etc.

Cyprea moneta, les bronzes et ivoires qu'on trouve dans le Nord, proviennent de ce commerce avec le Sud. Les populations du Nord ne pouvaient obtenir ces objets qu'en échange de l'ambre et des pelleteries.

M. Capellini insiste sur l'usage de l'ambre italien et explique le nom des îles électriques par l'électron que les anciens trouvaient dans ces contrées.

M. Virchow est d'avis que cette dénomination pouvait tout aussi bien s'expliquer par un emporium, une place de commerce, sur laquelle les routes commerciales venaient aboutir.

M. Howorth continue la discussion sur la provenance de l'ambre et ne croit pas que les anciens aient tiré leur ambre de l'Italie. Il n'apparaît dans les fouilles du midi de l'Europe qu'avec l'âge de fer, tandis que dans le Nord il accompagne déjà les instruments en pierre. M. Pigorini confirme cette opinion; M. Virchow recommande à l'attention un ouvrage sur Pythéas, paru en Allemagne, et élucidant la question du commerce des anciens; enfin M. Évans insiste sur les études qu'on devrait entreprendre sur les voies de communication aux temps des Romains et des Grecs. Il cite des objets en ambre trouvés dans la Grande-Bretagne et probablement exécutés dans le pays, car ils reproduisent les formes des objets en jayet, qui sont un produit local.

Sur quoi la séance est close, et la discussion remise à lundi.

Le dimanche 9 août était consacré aux musées, et

presque tous les membres du Congrès se sont empressés de venir étudier les belles collections du musée national. Le musée historique d'antiquités scandinaves attirait particulièrement l'attention des savants étrangers. Il est situé au rez-de-chaussée de l'édifice qui renferme toutes ces richesses, des antiquités égyptiennes, des collections d'estampes, des dessins, des majoliques (fort belles), des sculptures, des peintures, etc., etc. La première salle contient les objets de l'âge de la pierre, provenant pour la plupart de fouilles en Scanie et Westrogothie. Elle est riche en exemplaires et séries et parfaitement classée. L'âge du bronze ne présente pas tant d'objets et il ne saurait rivaliser avec la collection de Copenhague ; mais il renferme aussi des types fort intéressants. L'arrangement ne laisse rien à désirer ; nous nous permettrions seulement des doutes sur le classement des quelques objets attribués au premier âge de bronze, par exemple du très-bel ornement en bronze d'un vase en bois, trouvé dans les tourbières de Baskakra, près d'Istad [1], qui ne nous paraît pas appartenir à cette époque. L'âge du fer est aussi fort riche en objets curieux et d'une exécution remarquable. Les trouvailles en or et en argent sont nombreuses et belles. Tout cela forme un ensemble unique dans son genre et méritant d'être sérieusement étudié. Pour ceux qui n'auraient pas l'occasion de l'examiner sur les lieux, nous recommanderons les ouvrages de

---

1. Figuré dans l'ouvrage de M. Montélius, 254.

M. O. Montélius qui reproduisent les objets les plus intéressants, dans des gravures sur bois excellentes. L'étude des musées peut seule faire apprécier justement les produits de l'industrie préhistorique de chaque pays et faire apparaître son caractère particulier. Ce n'est qu'en comparant qu'on étudie l'antiquité. Chaque contrée se distingue par certaines variétés des types, la valeur de l'exécution technique et le nombre des objets qu'on y trouve. Pour l'époque du bronze dans le Nord, il faut absolument voir et comparer les musées de Copenhague, de Stockhlom, de Buda-Pest, de Prague, de Berlin, de Cracovie, de Posen, de Schwerin, de Kiel et autres, sans négliger les collections russes, finlandaises, et celles des côtes de la mer Noire. La similitude des objets, leurs différences, les analogies, les imitations, apprennent plus sur le passé que beaucoup de livres soi-disant historiques.

Les salles suivantes, contenant les monuments du moyen âge et de la renaissance, ne sont ni moins belles, ni moins dignes d'attention.

Dans la galerie des tableaux, c'est l'école suédoise qui a éveillé la plus vive curiosité. L'amour de l'art et sa pratique sont attestés par des œuvres des peintres suédois qui ne le cèdent en rien aux meilleurs produits de l'art contemporain en Allemagne[1].

---

1. Nous citerons au hasard une toile charmante qui nous a frappé par son réalisme tempéré et l'expression vraie des figures, non moins que par son exécution solide et vigoureuse : c'est la chaumière du pêcheur Laplandais de J.-F. Hockert, qui a été exposée à

La séance du matin, le lundi 10 août, devait être consacrée, selon le programme, à la discussion de la deuxième question :

Comment se caractérise l'âge de la pierre polie en Suède?

Faut-il attribuer les antiquités de cet âge à un seul peuple, ou peut-on établir la coexistence de plusieurs tribus (*sic*) qui ont habité les différentes parties de la Suède ?

La séance, présidée par le professeur Desor, commence par une communication du vénérable Nestor de l'archéologie scandinave, M. le professeur Nilsson. Le bulletin, malheureusement, ne nous apprend rien sur ce chapitre; il est d'un laconisme désolant, et nous ne sommes parvenu, malgré la plus vive curiosité, qu'à attraper quelques mots, qui ne nous permettent pas de rendre compte de la communication.

M. Oscar Montélius prend la parole ensuite et présente une carte archéologique de la Suède, en attirant l'attention sur les monuments les plus anciens, qui ne se trouvent que dans les provinces méridionales, les plus fertiles du pays, le long des côtes et des cours d'eau. Il signale seulement, comme exception, le groupe de la plaine de Falköping, un des plus fertiles de la Suède. M. Montélius distingue quatre différents modes de sépultures, indiquant autant d'âges

Londres et a eu l'honneur de figurer dans l'*Illustration anglaise.* C'est très-vrai et pourtant empreint d'une poésie qu'on ne se serait pas attendu à trouver en Laponie !

divers : 1 dolmens ; — 2 sépultures à galeries ; — 3 grands cercueils en pierre ; — 4 tombeaux recouverts de tumulus [1].

M. Montélius confirme l'observation de tous les archéologues scandinaves sur la priorité et l'âge des monuments de la Scanie, — parle des deux peuples différents qui habitaient et se disputaient le territoire de la Suède et croit à une immigration venant du Danemark.

M. Rygh parle ensuite sur la Norvége. Il y trouve des objets à peu près identiques de formes avec ceux trouvés en Suède, — jusqu'au 65e degré de latitude. Les silex pourtant deviennent plus rares et ils disparaissent vers cette limite, qui semble séparer deux courants des migrations. La Norvége possède peu de tombeaux de l'époque primitive. Au delà du 65e degré, les monuments présentent un caractère différent, ce sont des objets en schiste et en bois de renne, caractérisant, selon M. Rygh, le groupe arctique des Lapons.

M. Bertrand dit quelques mots sur la question de la domestication du renne; il attire l'attention des savants sur l'époque où le renne est devenu le compagnon de l'homme. Les troglodytes , habitants des cavernes, ont-ils chassé le renne, dont les ossements se trouvent si abondamment, ou les ont-ils amenés

---

1. Toutes ces sépultures, nous les retrouvons avec les mêmes caractères aux bords de la Baltique, dans les provinces de l'ancienne Pologne; seulement ici les dolmens sont fort rares et les tumulus très-nombreux.

avec eux? Il serait curieux d'étudier quand la domestication de cet animal a commencé.

M. Montélius fait observer que les ossements de rennes ne se trouvent pas en Suède pendant la première époque de la pierre. M. Hans Hildebrand, à propos de la domestication du renne, parle de la faune, assez riche en animaux domestiques, des sépultures à dolmens et galeries de la Westrogothie et de la Scanie. On y a trouvé, dit-il, des squelettes entiers de chien, de cheval, de bœuf, de brebis et de cochon domestique.

L'âge des dolmens en Europe, la distribution de ces monuments qui se trouvent dispersés sur une grande étendue des pays divers, fait naturellement surgir la question, que M. Hildebrand donne à résoudre, si tous les dolmens sont l'œuvre d'un peuple unique ou s'ils ont été bâtis par des peuplades différentes. On les trouve jusqu'en Afrique. L'identité des formes permanentes frappe l'observateur. M. Hildebrand croit voir dans tous ces monuments une idée primitive d'une demeure, d'une maison pour les morts, un dolmen n'étant rien autre qu'une habitation de défunt[1].

M. Worsaæ, en se fondant sur des fouilles récentes et des faits, s'attache à démontrer que l'archéologie a déjà

---

1. En Lithuanie, on voit jusqu'à présent, dans des cimetières de paysans, des petites chaumières en bois sur les tombeaux, construites sur le modèle de leurs habitations, couvertes de chaume ou en bardeaux. Il y a aussi des urnes slaves qui représentent une maisonnette informe, mais reconnaissable. (Musée de Berlin.)

produit des résultats qui sont acquis à l'histoire. Selon lui, la Suède a été soumise, dans les temps préhistoriques, à deux courants d'immigration qui se dirigeaient, l'un par la Russie et la Finlande, l'autre par le midi et l'ouest. Ils se sont rencontrés là où on trouve des traces d'une limite que M. Rygh a tâché d'indiquer. Les Lapons et les Finnois, conclut M. Worsaæ, ne peuvent donc plus être considérés comme aborigènes du pays.

M. Daly, qui a eu occasion d'observer en Égypte les anciens monuments, pendant un voyage récent, croit que les plus anciens édifices ont été construits en briques faites de limon et séchées au soleil. Ces constructions ont précédé les monolithes. M. Quast dit encore quelques mots sur l'idée du dolmen, que M. Hildebrand croit être l'imitation d'une demeure, d'une habitation. Il y voit plutôt un temple, consacré aux morts; mais un temple n'est qu'une demeure érigée pour les dieux. Il parle aussi des dolmens en Allemagne, aux environs de Lübeck, dans le Brandebourg et le Lünebourg, des sépultures au milieu des marécages, etc.

Au moment où M. Howorth prend la parole sur la migration des peuples venant du Caucase, S. M. le roi de Suède et de Norvége, de retour dans la capitale depuis une heure, apparaît dans la salle des séances.

Sa Majesté prononce quelques mots aimables, en souhaitant la bienvenue aux membres du Congrès, et prend place à côté du président. Après de vifs applaudissements la séance continue. M. Howorth parle du Caucase comme du berceau primitif des peuples de l'Europe, et il l'indique comme une source précieuse des études sur la migration. M. de Quatrefages revient à la question et il l'examine sous le point de vue anthropologique. Il tâche de concilier les données historiques et archéologiques, dont a parlé M. Worsaæ, avec les résultats des études anthropologiques; — parle du renne venant de l'Asie à l'époque glaciaire, et suppose qu'il a été amené par l'homme à l'état de domesticité, et qu'il est ici devenu sauvage. Les exemples d'animaux échappant à la domesticité et revenant à l'état sauvage, comme le chien, les bœufs des pampas, les cochons, etc., sont fréquents. Le renne aussi a pu devenir sauvage. M. de Quatrefages trouve dans la forme des différents crânes observés dans le Nord la preuve d'une migration des peuples s'avançant à mesure que les glaces fondaient. Ces crânes présentent deux types distincts, selon l'observateur.

M. le Dr Virchow revient à la question de la distribution des dolmens en Allemagne, et il affirme que les monuments mégalithiques ne se trouvent pas sur la rive droite de l'Oder, qu'ils sont rares sur les bords de l'Elbe, en Hanovre, aux environs de Münster. Il croit que la chaîne des montagnes de la Westphalie forme la limite des monuments mégalithiques de l'Allemagne, et que les sépultures trouvées au delà ont un caractère différent. M. Virchow établit une différence entre les dolmens à découvert, proprement dits, et les tombeaux mégalithiques couverts de terre, qui forment une transition entre les sépultures de l'âge de la pierre et celles du bronze. Il affirme aussi que les dolmens ne se trouvent plus sur les côtes méridionales de la Baltique (?) que la migration des peuples de l'Orient vers le Nord n'a pas touchées. M. Virchow observe aussi, quant aux opinions énoncées par M. de Quatrefages, que l'étude de la craniologie n'est pas encore assez avancée pour pouvoir s'appuyer avec assurance sur les résultats qu'elle a produits. Les crânes de la race touranienne sont, selon M. Virchow, de formes très-différentes. Elles se modifient et varient d'aspect et de construction, présentant une série régulière depuis les Finnois et les Lapons, jusqu'aux habitants des rives de l'Amour et aux Esquimaux... Le type primitif touranien n'est pas encore connu et déterminé.

M. de Quatrefages prend la défense des idées qu'il a précédemment énoncées. La science, dit-il, est souvent induite en erreur; elle commet des fautes, elles les avoue ; mais doit-elle, à cause de cela, renoncer aux essais et aux tentatives? Le type existe et persiste, on le reconnaît, malgré les modifications qu'il subit. Les résultats obtenus laissent déjà reconnaître des différences de race à l'époque quartenaire. M. de Quatrefages nie l'existence d'une série non interrompue d'une même race allant en se modifiant depuis le Finnois jusqu'aux Esquimaux. Le détroit de Behring présentera déjà des difficultés. Aux bords de l'Amour, il y a plu-

sieurs races différentes. L'idée d'une série non interrompue des races d'une origine commune supposée
par M. Virchow ne paraît pas prouvée à M. de Quatrefages. — Les peuples qui voisinent entre eux présentent souvent des types tout à fait différents, comme
les Esquimaux et les Peaux-Rouges. Selon lui le type
primitif doit être cherché non dans l'époque quaternaire, mais dans les couches miocènes. Le phénomène constaté de l'atavisme reproduit et conserve le
type primitif, etc.

M. Worsaæ prend la parole pour expliquer qu'en
parlant des migrations et des courants, il désignait les
voies par lesquelles la civilisation venait se répandre
et non les races.

M. Virchow répond à M. de Quatrefages qu'il ne
croit pas à un type immuable, mais à un perfectionnement constant et à des modifications. Les races,
selon lui, apparaissent et naissent comme résultat des
conditions nouvelles et du développement de l'humanité. Il parle de la méthode, du nombre des observations exigibles pour donner un résultat définitif.

Cette discussion vive et intéressante, à laquelle
S. M. le roi assistait jusqu'à la fin, est enfin close,
sans être épuisée, vu l'heure avancée.

L'après-midi était consacrée à une séance libre.
M. Pozzi donne la lecture d'une communication de
M. de Mortillet, qui n'admet pas l'existence d'une
race des dolmens. Les dolmens, très-différents entre
eux, ne sont qu'une modification des grottes sépul-

crales ; ils apparaissent simultanément dans beaucoup
de pays, par l'effet d'un instinct identique et non par
imitation. La note de M. de Mortillet insiste sur
l'observation non-seulement du crâne humain, mais
de toute la charpente osseuse du corps humain, des
humérus, des cubitus, des fémurs, des tibias, etc.

M. Hamy dit quelques mots sur les fouilles
récentes faites dans les dolmens des environs de Paris,
et confirme l'opinion de M. de Mortillet, par la
découverte d'une race d'hommes présentant le caractère de celle de l'âge du renne.

M. Lorange reprend la question de la distribution
des monuments de l'âge de la pierre dans les pays
scandinaves, et il confirme les observations de M. Rygh
sur les trouvailles en silex et les limites du 65ᵉ degré.
En Norvége, il y a deux âges de pierre distincts, le
silex vers le sud, et des objets tout différents vers le
nord.

M. Capellini revient à la question de l'ambre
dans le Bolonais ; il tient à son origine locale et cite
à l'appui un atelier d'instruments en silex, trouvé
dans un puits funéraire à Bassano. Les silex aussi, on
les croyait d'importation étrangère, et voilà une
preuve qu'ils ont été fabriqués dans le pays. Des
preuves tout aussi concluantes peuvent un jour confirmer l'hypothèse de l'usage de l'ambre bolonais.

Cette question de la provenance de l'ambre, à
laquelle la communication de M. Capellini a donné

une face nouvelle, occupe une bonne partie de la séance de l'après-midi.

MM. Cazalis de Fondouce, de Baye et Belluzzi, présentent quelques observations sur l'ambre trouvé en France et en Italie. M. Belluzzi en a trouvé avec des objets de l'âge du bronze à Terni. M. de Baye constate sa présence dans des grottes néolithiques de la Marne, M. Cazalis de Fondouce, dans un tombeau mégalithique de l'Hérault, époque des dolmens, transition de la pierre polie au bronze. M. Chantre l'a trouvé aussi parmi les bronzes du trésor de Réalon (Hautes-Alpes), et dans des cimetières du premier âge du fer des Alpes, de la Savoie et du Dauphiné. Cependant l'ambre ne se rencontre pas dans les sépultures de l'âge de la pierre taillée (paléolithiques), comme dans le Nord.

M. Engelhardt ajoute que le commerce de l'ambre, allant du nord vers le sud, est prouvé par des monnaies grecques qui se trouvent dans le Nord, et par des traditions constantes. En Danemark, l'ambre est très-fréquent dans les dolmens de l'âge de la pierre, et devient plus rare après, parce qu'il était recherché. M. Oppert cherche en vain quelque lumière dans les étymologies de l'ambre, dont la dénomination varie dans les langues anciennes et modernes. La question lui paraît plutôt du domaine de l'histoire que de l'archéologie préhistorique. Il suppose que les Phéniciens pouvaient venir chercher cette substance sur les côtes de la France et de l'Angleterre, où elle était transportée du nord; elle pouvait aussi venir par l'Allemagne et le Danube, sur les côtes de la mer Noire [1].

M. Franks demande si quelqu'un ne pourrait pas donner des renseignements sur les objets en ambre exposés à Paris par la Roumanie.

M. Pigorini, pour élucider la question, voudrait avoir des données sur les trouvailles d'ambre dans différents pays de l'Europe [2].

M. Dirks parle des objets antiques en ambre existant en Hollande; M. Landberg émet une opinion différente de celle de M. Oppert sur les voies de commerce des anciens. L'usage de l'ambre dans le Liban, en Orient, est très-ancien et constant, on s'en sert pour les cérémonies religieuses (encens). Des morceaux d'ambre ont été trouvés dans des tombeaux sur les îles Bahavein, etc.

M. Bertrand rouvre la discussion sur la race des dolmens, et combat l'opinion de M. Mortillet. Il ne croit pas que les troglodytes aient bâti des dolmens. L'époque des dolmens surgit subitement, apportant

1. Des bronzes d'origine phénicienne et d'autres objets de même provenance trouvés sur les bords de la Baltique laissent présumer que les Phéniciens venaient eux-mêmes, ici, faire un commerce d'échange avec les habitants de la côte.

2. Pour les provinces polonaises, la Prusse y comprise, ces données se trouvent abondamment dans l'histoire naturelle des Rzonczynski et dans le supplément (Auctuarium) de Tylkowski. Hartknoch, l'historien de la Prusse, consacre à l'ambre tout un chapitre qui manque de critique, mais résume les traditions et les faits.

avec soi toute une civilisation nouvelle et un culte reli-
gieux qui se répand de proche en proche. De même
que l'âge du bronze, l'époque des dolmens est le produit de tout une révolution dans les mœurs, occasion-
née par une migration nouvelle.

M. Évans ajoute que, même là ou les dolmens
n'existent pas de fait, on pourrait attribuer l'absence
de ces monuments au manque de matériaux de
construction.

M. Schaffhausen, de Bonn, parle des différents
crânes des races du Nord et des pays occidentaux. Il
croit à la possibilité d'une restauration de la physionomie d'un de ces crânes, dont il présente le dessin.
Il fait voir aussi un marteau de plomb, trouvé à
Neus, près Cologne, en prétendant que c'était un de
ces marteaux de Thor qui servaient à des pratiques
superstitieuses, peut-être aux sacrifices humains. Il
mentionne les traditions qui se rattachent à ces instruments, employés pour diverses cérémonies, pour
découvrir les voleurs, etc., etc.

M. Virchow saisit l'occasion du dessin d'un crâne
et de sa restauration présentée par M. Schaffhausen,
pour déclarer que sa forme tout exceptionnelle laisse
présumer qu'il appartenait à une crétine.

M. Gratama, vice-président de la commission
archéologique de Drenthe, offre au Congrès, de la part
de la commission, des photographies des dolmens de
la Drenthe, que le gouvernement néerlandais se propose de conserver et dont il a acquis la propriété.

La séance close, le comte Hamilton invita plusieurs membres du Congrès à faire une excursion en bateau à vapeur, qui nous mena, à travers les plus beaux sites, jusqu'à Waxholm. Nous n'avons pas besoin de dire que c'est une partie qui a laissé les plus charmants souvenirs; l'amabilité du président pour ses hôtes, son hospitalité cordiale, nous ont fait connaître un des traits distinctifs du caractère national suédois.

Mardi 11 août, les membres du Congrès, invités à une excursion à Upsala, se rendirent à sept heures du matin à la gare du chemin de fer, qui devait les transporter dans l'antique Ostra Aros, autrefois capitale de la Suède, et résidence de ses rois. Une belle journée favorisait cette joyeuse promenade d'antiquaires. Le train passa à travers de beaux paysages des environs de Stockholm, vers l'ancienne Upsala (Gamla Upsala), située à une demi-heure de la ville nouvelle. Un des plus anciens monuments légendaires de la Suède, ressemblant à nos tertres de Cracus et de Vanda, tertre de soixante pieds de haut (il y en a trois non loin de l'antique église), venait d'être ouvert et exploré. On y avait trouvé des ossements, des urnes funéraires, des traces de bronze et de fer. Selon la tradition, ces tertres (Gamla Upsala högar-Kungshögarna) étaient des tumulus servant de sépulture aux anciens rois du pays. Toute la société débarqua non loin de l'église et vint inspecter les fouilles, qui prouvaient que des restes

humains y avaient été déposés. La petite église avoi-
sinante, inaugurée en 1156 sur l'emplacement d'un
ancien temple des Ases, rebâtie ensuite, est une relique
vénérable.

Une heure après, le train ramenait les membres du
Congrès vers la ville, où une foule compacte les atten-
dait, le maire en tête et les étudiants de l'Université
avec leurs bonnets blancs, postés avec des drapeaux
de différentes nations. Le maire salua les arrivants
par un discours et le chœur des étudiants entonna
l'hymne national. Puis au son des chants harmonieux
on se mit en marche pour le Jardin botanique, où le
déjeuner était servi.

L'accueil fait aux étrangers était cordial et hospitalier, le déjeuner somptueux, l'emplacement admirablement choisi. La belle statue de Linnée semblait d'en
haut bénir les hôtes, qui venaient de loin rendre honneur à la patrie du grand homme. Chacun s'empressa
de venir saluer ce beau monument érigé au savant,
qui appartient à présent à tous les pays. Une petite
tribune était érigée pour les orateurs. Une fête pareille
ne saurait se passer des discours et des toasts que
dicte la reconnaissance. Plusieurs membres vinrent
remercier chaleureusement les étudiants pour l'accueil
qui était fait au Congrès. MM. de Quatrefages, Capellini et d'autres eurent les honneurs de l'accolade des
étudiants et obtinrent en signe de fraternité et de
souvenir des bonnets blancs dont ils s'empressèrent
de se recouvrir.

La fête et les toasts duraient encore que les plus impatients ou les plus curieux s'empressaient déjà de visiter les anciens monuments de la ville. Notre première excursion fut pour le musée archéologique qui renferme quelques objets trouvés dans les environs, des instruments en pierre, quelques bronzes et des débris de l'âge de fer assez nombreux. Ce qui nous attirait le plus, c'était, dans la bibliothèque de la « Carolina rediviva », le célèbre manuscrit des évangiles d'Ulphilas (IVe siècle), le *Codex argenteus,* le plus ancien monument gothique qui existe. Tout le monde le connaît par d'excellents fac-simile publiés dans plusieurs ouvrages sur la paléographie, mais il fallait s'incliner devant cette auguste relique. La bibliothèque, magnifiquement logée, a environ deux cent mille volumes et plus de sept mille manuscrits, mais on ne pouvait même pas songer à les voir de plus près. La cathédrale, avec l'imposante masse de ses murs, remontant au XIIIe siècle, et terminée vers 1435, mérite aussi d'être examinée pour son architecture et les monuments qu'elle renferme. L'intérieur est imposant et fort beau, seulement le maître-autel jure avec le reste par son style de la renaissance, et sa chaire, qui passe pour une merveille, s'adapte tout aussi peu au caractère de l'architecture de l'église. Parmi les mausolées, celui de Catherine Jagellone, épouse de Jean III, et celui de ce dernier sont les plus intéressants. Nous connaissions par des gravures la tombe érigée à la fille de nos rois;

elle est remarquablement travaillée et très-bien conservée, mais comme œuvre d'art le cénotaphe de
Jean III, qu'on attribue à Donatelli, est beaucoup plus
beau. La figure du roi est d'un caractère et d'une
expression saisissants. L'artiste a reproduit avec un
grand talent le type blond de l'homme du Nord, et il
a donné à la physionomie le calme majestueux du
sommeil de l'éternité. Il y a aussi d'autres monuments
intéressants et de beaux calices et ostensoirs, dont un
vient de Pologne.

Au sortir du banquet du Jardin botanique, qui dura
un peu plus longtemps que le programme ne le per-
mettait, la Société se mit en marche au son de la musique militaire qui l'accompagnait, précédée des étudiants qui nous escortèrent de leurs drapeaux jusqu'à
la gare, et là encore saluée une dernière fois ; après
de franches poignées de main échangées, elle repartit
pour Stockholm, emportant le souvenir d'une belle et
bonne journée.

Mercredi 12 août, la séance était consacrée à la
discussion de la troisième question :

Comment se caractérise l'âge de bronze en Suède?
Quelles étaient les analogies des mœurs et de l'industrie
de cet âge en Suède avec celles du même âge dans
les autres pays de l'Europe? Quels en sont les rapports
avec l'âge antérieur?

Pour une séance d'environ trois heures, le programme était certainement trop riche et trop exigeant ;
mais *in magnis voluisse sat est.* L'âge de bronze, en

général, malgré les objets qui prouvent son existence, malgré les travaux qui lui ont été consacrés, reste encore une énigme assez compliquée. Y a-t-il eu un âge de bronze proprement dit en Suède? la chose ne nous semble pas définitivement résolue. Les bronzes ne suffisent pas à le prouver, et l'époque à laquelle ils appartiennent est loin d'être fixée. Dans beaucoup de pays où les objets en bronze abondent, l'âge de fer coïncide avec leur apparition. Ce sujet n'a pas été encore suffisamment étudié, et les monuments examinés séparément, sans être comparés et déterminés selon leur provenance et les objets qui les accompagnaient, ne permettent que des conjectures et des hypothèses plus ou moins probables. La majeure partie des bronzes trouvés dans des fouilles faites au hasard échappe à une classification motivée; on s'en tient aux formes, aux types, en s'aidant quelquefois des analyses chimiques qui n'ont pas été systématiquement pratiquées. Le sujet était d'autant plus intéressant qu'il y avait beaucoup à faire et non moins à défaire.

M. le comte Hamilton a ouvert la séance en annonçant que S. M. le roi invitait les présidents honoraires, vice-présidents, membres du Conseil et ses secrétaires étrangers, à prendre place sur son bateau pour l'excursion à Björkö, qui devait avoir lieu le lendemain. Leurs Majestés invitaient aussi tous les membres du Congrès à une fête donnée à Drottningholm samedi soir à huit heures.

La séance, présidée par M. le Dr Virchow,

commença par une communication intéressante d'un jeune Français, M. Soldi (1er grand prix de Rome, sculpteur), qui présenta au Congrès des haches en pierre polie, d'un travail merveilleux, provenant du musée de Stockholm, et il tâcha de démontrer par leur forme, par les lignes en relief imitant les bavures des joints du moule, par le caractère du type, que ces instruments en pierre étaient des imitations du bronze. En le supposant, on pouvait donc conclure que ces objets ont été fabriqués quand le bronze était déjà connu. Comme la pierre polie a été très-souvent trouvée avec des objets en bronze, et qu'on peut admettre qu'on attachait des idées religieuses à ces objets d'un autre âge, il est fort possible qu'on ait continué de les fabriquer, comme des souvenirs appartenant au culte du passé. L'idée de M. Soldi, déduite du dessin et de l'exécution de ces haches, était originale et frappante. Malgré sa nouveauté et son air hypothétique, on ne pouvait pas la repousser sans discussion. En acceptant la supposition de M. Soldi, il fallait aussi admettre l'existence d'une époque de transition entre la pierre polie et le bronze, du reste très-probable et attestée par des trouvailles fréquentes où le bronze gît à côté de la pierre. La race arienne, qui n'avait que du bronze, pouvait bien imiter en ce métal des ustensiles de pierre.

M. Hildebrand prit la parole pour combattre cette hypothèse ; il dit que pour déterminer l'âge des monuments, il faut tenir compte de tout ce qui les accompagne quand ils ont été découverts. Or ces haches, à ce que prétend M. le secrétaire général, n'ont jamais été trouvées avec le bronze. Mais il avoue aussi qu'on n'en a jamais trouvé dans les tombeaux de l'âge de la pierre en Suède, et il ne s'appuie que sur des fouilles faites en Danemark. Cette question d'un haut intérêt jette une lumière nouvelle sur ces charmants objets en pierre polie des musées scandinaves, qui étonnent par la perfection du travail, par leurs lignes pures et élégantes, et qui évidemment n'ont jamais servi à des travaux et doivent être considérés plutôt comme objets du culte que comme des outils grossiers.

M. Franks remarque que les trouvailles faites dans les stations lacustres de la Suisse prouvent que les haches percées appartiennent à l'âge de la pierre polie, tandis qu'en Angleterre on les trouve encore au commencement de l'âge du bronze. Mais ici elles ne pouvaient pas être des copies du bronze, car l'original manque. M. Franks réfute aussi la supposition du Dr Klemm, que les trous des haches étaient faits avec des cylindres en bronze [1].

Le professeur Desor ne serait pas fort éloigné d'admettre la justesse de l'hypothèse de M. Soldi, mais il n'a pas vu de hache du type pareil exécutée en bronze ; il demande si quelqu'un peut en citer une.

M. Soldi réplique par un dessin de la hache en bronze, à laquelle il rattache la forme des haches du musée de Stockholm.

---

1. La meilleure preuve, c'est que le comte Wurmbrand les fit exécuter sans l'aide des instruments en métal.

M. le baron de Kurck prétend que cette espèce
de hache n'a jamais été trouvée en Scandinavie avec
des objets de l'âge du bronze, et elle est généralement
classée dans les musées parmi les instruments appartenant à l'âge de la pierre polie. Au moment où la
discussion continue, LL. MM. le roi et la reine
entrent dans la salle au milieu des applaudissements
unanimes de l'assemblée. Les augustes auditeurs
prennent place sur des siéges réservés, auprès du
président, et la séance continue.

M. Hans Hildebrand parle de l'histoire du bronze
en général, en réfutant l'opinion de ceux qui, frappés
par l'abondance des objets en bronze trouvés en Hongrie, par le caractère archaïque de quelques types,
veulent y chercher le berceau du bronze ou du moins
une source d'où il serait venu se répandre au nord de
l'Europe. M. Hildebrand trouve une très-grande différence entre les monuments de cette époque en Hongrie
et en Suède. Il examine principalement le type des
épées hongroises en bronze qui lui semble plus moderne
que celui des épées suédoises, et explique ces épées
comme un développement et un perfectionnement du
poignard primitif. L'idée est ingénieuse, car la forme
lancéolée de l'épée rappelle un poignard agrandi.
M. Hildebrand voit aussi une différence dans les
poignées des épées, qui en Hongrie lui semblent de
dimensions plus grandes[1]. Il prétend qu'en revanche,

---

1. Elles ressemblent pourtant aux épées scandinaves, et le des-

les fibules hongroises sont d'un type plus archaïque. En somme, M. Hildebrand admet que l'âge du bronze en Hongrie est contemporain de celui de Suède, mais qu'ici et là, la civilisation, l'art, sont venus d'Orient en se développant simultanément, mais d'une manière indépendante et sans relations réciproques. Il y a évidemment souche commune. On pourrait ajouter la remarque que les bronzes les plus anciens et les plus beaux qui figurent dans les musées scandinaves n'ont point leurs pareils en Hongrie[1].

M. Lorange affirme que la Norvége aussi a eu son âge de bronze, malgré qu'on n'a voulu y voir que l'âge de fer, remplaçant immédiatement la pierre polie. On a trouvé aussi des objets en or avec le bronze en Norvége. Il cite encore environ deux cents dessins sur rochers appartenant à cette époque, qui s'étendent jusqu'aux environs de Trondheim.

M. Évans accepte l'idée ingénieuse de M. Hildebrand, que le poignard primitif a servi au début et que l'épée n'est qu'un développement de cette arme. Elle se trouve dans les sépultures anglaises sans qu'on y ait jamais trouvé d'épées. Cependant il explique la

sin des poignées a le même caractère, les ornements sont presque identiques. Les dimensions frappent par leur exiguïté.

1. L'idée du professeur Nilsson, qui le premier reconnut dans les plus beaux bronzes, non un perfectionnement de l'industrie, mais des modèles primitifs, vient de recevoir une éclatante confirmation dans les fouilles de Troie du docteur Schliemann, qui a constamment trouvé les bronzes et les poteries les plus parfaites dans des couches plus profondes.

forme lancéolée de l'épée hongroise, dont la lame est rétrécie vers la poignée par la petitesse de cette dernière[1].

M. le baron de Kurck répète ce qu'il a eu déjà occasion de dire : que le bronze en Suède ne se trouve abondamment que là où les instruments de pierre l'ont précédé, dans les provinces méridionales, en Scanie. Il prétend qu'excepté les ossements de cheval, rien ne prouve que les populations de cette époque se soient occupées d'agriculture et de l'élevage des animaux domestiques. La représentation fréquente des vaisseaux sur les rochers donne l'idée d'un peuple venu par mer.

M. Montélius *ad vocem* de ces sculptures sur des rochers, dont il a donné quelques dessins dans sa *Suède phéhistorique*, parle des sculptures des rochers en Bohuslän. Selon M. Hildebrand (père), ces sculptures appartiendraient à l'âge de bronze, car elles reproduisent souvent l'épée, qui caractérise cette époque, et des spirales. Comme on n'a jamais trouvé d'inscriptions runiques sur des rochers, cela prouverait l'antiquité des sculptures.

M. Bruzelius lit une note sur les sculptures des rochers en Scanie, en leur attribuant aussi l'âge des monuments de Kivik et Vilfara, c'est-à-dire celui du bronze. Il explique la signification de ces sculptures

1. Les épées ne se trouvent presque point en Pologne, ou du moins elles y sont excessivement rares. On n'en connaît que trois, recueillies sur les confins de la Hongrie, ce qui démontre leur origine.

par des exploits guerriers dont ces peuples auraient voulu perpétuer la mémoire.

M. Desor est aussi d'avis que ces sculptures appartiennent à l'époque du bronze. Il cite les pierres à écuelles de la Suisse, faites des blocs erratiques, creusées comme les places où on a pratiqué des sculptures en Suède. Y a-t-il analogie entre eux? Le professeur conclut à un état de civilisation assez avancé, du fait même qu'on voulait transmettre la mémoire des événements aux générations futures[1].

M. Soldi fait la remarque que les gravures des rochers ne pouvaient pas être faites avec des instruments de bronze, car ils ne sauraient mordre sur des roches dures et ne prennent pas la trempe comme l'acier. Il aura fallu, pour graver, employer certains silex ou du fer.

M. Hildebrand (père) parle de sa découverte des roches sculptées dans le Norrland, qui sont tout à fait semblables à celles des provinces méridionales. M. Hans Hildebrand dit que les pierres à écuelles (elfensteine) se trouvent aussi en grand nombre en Suède et que le peuple a beaucoup de vénération pour elles et y dépose des offrandes en secret quand il demande aux elfes la guérison des maladies. Il cite

---

[1]. Les pierres à écuelles creusées se trouvent fréquemment aussi en Pologne et en Lithuanie, et le peuple y attache certaines pratiques superstitieuses. Dans plusieurs endroits, où on a érigé des croix, les pierres à écuelles sont restées à côté d'elles. On les trouve aussi près des sources saintes en Lithuanie.

une saga islandaise parlant d'une pierre à écuelle en Islande et qui ne peut être venue là qu'avec la population scandinave après le xe siècle.

M. Engelhardt contredit le baron de Kurck, qui n'a trouvé que le cheval dans les sépultures de l'âge de la pierre et n'admet pas d'autres animaux domestiques connus à cette époque. En Danemark, on trouve le bœuf, le mouton, la chèvre, le cochon. Il mentionne aussi quelques sculptures sur des pierres de dolmens en Danemark, représentant, comme en Suède, des roues et des vaisseaux.

M. Capellini occupe le fauteuil, et M. Virchow présente, comme une preuve nouvelle du commerce actif entre l'Étrurie et les bords de la Baltique (commerce de l'ambre), le dessin d'un ciste à parures trouvé aux environs de Posen (Pologne prussienne). Ce ciste, en bronze à côtes, ressemble à celui qui a été découvert à Bologne, à la Certose, pendant le Congrès. Divers objets en bronze, d'origine étrusque, y ont été trouvés. Le ciste est du dernier âge du bronze[1].

M. Worsaæ constate, à propos du ciste en question, que rien de pareil n'a jamais été trouvé en Danemark, où le commerce avec l'Étrurie n'existait pas. Il revendique pour la Scandinavie une industrie qui lui

---

1. Un grand nombre d'objets d'origine étrusque ont été, en outre, trouvés dans la grande Pologne, la Prusse occidentale, la Poméranie, la Livonie, etc.; on y a découvert des fibules, des figurines en bronze, colliers, bracelets et monnaies grecques et romaines. (Voir le musée de Posen.)

est propre et originale. Si le bronze étrusque y a pénétré, ce n'est que fort tard et vers la fin de la période du bronze.

M. le professeur Schaffhausen prend la parole pour citer l'opinion de M. Lindeschmit, qui nie qu'il y ait eu des formes originales scandinaves au début de l'âge du bronze. Il ne les trouve qu'aux xe et xie siècles. Il prétend que l'industrie du bronze s'était développée plus tôt dans les provinces occidentales de l'Europe soumises aux Romains, et que beaucoup de ces produits ont été emportés comme butin de guerre dans les pays scandinaves. Cette opinion pourtant semble inadmissible, car les types prouvent le contraire, et des moules des objets fabriqués en Danemark y ont été trouvés.

M. Howorth dit quelques mots sur la provenance de l'étain, dont les anciens faisaient usage.

Il lit une note sur les mines anciennement exploitées des Cornouailles, d'Espagne et de Pannonie[1].

M. Howorth présente aussi quelques idées sur la manière de perforer les haches.

M. Évans rappelle les expériences de Keller sur le percement des trous à l'aide d'un cylindre en corne

---

1. On pourrait y ajouter l'étain qui se trouve dans la Saxe actuelle, aux confins de l'ancienne Lusace slave et en Bohême. On a trouvé des moules des bronzes en Silésie près Oppeln, et la population polonaise-silésienne de la Lusace devait tirer l'étain pour ses bronzes.

de bœuf, réfute Lindeschmit et démontre que le ciste
de Posen, présenté par M. Virchow, fait en feuilles de
bronze laminé au cylindre, est d'une époque relativement récente; qu'il a été obtenu en échange et non
fabriqué dans le pays.

M. Virchow ayant de nouveau occupé le fauteuil
présidentiel, M. Capellini communique une note du
comte Gozzadini et des dessins d'une trouvaille faite
près de Ronzano, d'un beau mors de cheval en bronze
et d'une épée. Le mors attire particulièrement l'attention par son ornementation élégante.

M. Desor prend la parole pour relever l'importance de la trouvaille de Ronzano, par rapport à la
civilisation étrusque. Elle prouve, dit-il, que les
anciens Étrusques, se servant du cheval, aimaient à
l'orner et à le harnacher avec élégance. Il distingue
deux époques de l'industrie étrusque, celle dont
M. Virchow a produit un échantillon, et l'autre à
laquelle appartient le mors en bronze. Pourtant la
dénomination étrusque sert indifféremment pour deux
époques très-différentes qu'on devrait distinguer.
M. Desor propose de leur donner les noms de types
ombrien et étrusque. L'industrie, dont les produits se
trouvent à Villanova et Golasecca, est beaucoup plus
ancienne que le ciste de Posen.

Au moment où M. Oppert devait prendre la
parole, l'heure avancée force à clore la séance.

La séance libre de l'après-midi est ouverte à
l'heure habituelle. M. Franks occupe le fauteuil pré-

sidentiel. M. de Quast parle de l'âge de bronze en général et du bronze en Allemagne.

M. Engelhardt continue le même sujet et parle de la provenance du bronze des pays méridionaux. M. Évans lit un mémoire sur des bronzes trouvés en Angleterre dans l'île de Harty (Kent). On y a découvert des moules pour haches à douille et pour gouges, haches, marteaux, couteaux, perçoirs et autres objets fabriqués, des fragments de cuivre, etc.

C'était visiblement bien un atelier de fondeur, qui fournit des notions sur la technique et l'exécution des objets. Les haches étaient (comme en Hongrie) terminées au marteau et aiguisées, pour obtenir le tranchant. Les douilles, à ce que suppose M. Évans, étaient obtenues au moyen d'un noyau en argile, qu'on extrayait après la fonte avec des poinçons en bronze.

M. Franks ayant à faire une communication, M. Capellini le remplace au fauteuil. Il touche dans son mémoire au point important, jusqu'à présent négligé, la composition (chimique) du bronze ancien, en présentant l'analyse de quatre objets en métal trouvés dans l'île de Chypre. Sur quatre de ces armes, analysées par M. le docteur Walter Hight (du Musée britannique), trois sont en cuivre pur, une en bronze. Ce même savant ayant analysé un objet trouvé dans la grande pyramide d'Égypte, y a trouvé du cuivre pur, mélangé d'une très-petite quantité de fer. M. Franks présente des haches en cuivre de Guageria (Inde centrale), et cite des objets en cuivre pur[1].

M. Pigorini, qui est délégué du gouvernement italien au Congrès, annonce que, sur la proposition votée au Congrès de Bologne, une des terramares de la province de Parme (Casaroldo) sera conservée à perpétuité comme monument historique. M. Pigorini parle des couches superposées dans les terramares en général et croit que celles de Casaroldo appartiennent à l'âge du bronze. Le savant Nilsson, qui a examiné les objets apportés de Chypre, dont M. Évans a parlé, les croit d'origine phénicienne et confirme que dans leur composition il n'entrait point d'étain. C'était du cuivre pur.

Le docteur Landberg, qui a lui-même assisté aux fouilles qui ont été faites en Chypre, aborde ce même sujet. Il prétend que ces objets dont M. Nilsson a parlé sont plutôt d'origine gréco-phénicienne que phéniciens. Il parle longuement de l'emploi du bronze dans le monde sémitique, même à l'époque où le fer était déjà connu; du commerce de Sydon et de Tyr vers le bassin de la mer Noire, par le territoire qui appartient à présent à l'empire russe. Le Dr Landberg croit que les archéologues russes pourraient

1. Des objets en cuivre pur se trouvent aussi dans les musées de Buda-Pest et Prague. L'analyse de plusieurs bronzes trouvés en Bohême a démontré une proportion allant de 99 pour 100 de cuivre jusqu'à 85 pour 100. Des haches faites en cuivre pur, terminées au marteau, se trouvent au musée de Buda-Pest.

fournir des données nouvelles sur les voies commerciales anciennes, etc.

M. Oppert rappelle une chose, fort connue du reste, que les Phéniciens allaient chercher l'étain dans les Cassitérides (Iles Britanniques), qu'ils étaient des navigateurs experts et faisaient des voyages dans le Nord. Il parle aussi de l'ancienneté du fer qui est déjà mentionné dans la Bible, à côté du bronze. En orient au moins il est difficile de distinguer l'âge du bronze de l'âge du fer.

M. Hamy lit un mémoire de M. Aspelin sur l'âge de pierre en Finlande. L'auteur y voit trois zones différentes dans l'industrie de la pierre : la zone finlandaise, qui comprendrait la Finlande et la Carélie russe à l'ouest du lac de Bréga, la zone baltique lithuanienne et celle qu'il nomme finnoise orientale. Il expose les différences des matériaux et des types à silex, porphyres, diorites.

Nous pourrions ajouter, quant à la Lithuanie, qu'ici les produits de l'âge de la pierre ont une analogie ou plutôt une similitude frappante avec les formes et types de l'Occident; l'exécution seulement est moins soignée.

Les formes qui sont propres aux populations finnoises ne sont pas encore suffisamment étudiées et déterminées. M. Aspelin constate qu'en Sibérie il n'y a pas d'âge de la pierre, ce qui est fort probable, vu le climat. M. Worsaæ prend la parole au sujet du mémoire de M. Aspelin, sur la prétendue influence scandinave dans l'industrie de l'âge de la pierre en Finlande. Un échange d'observations s'engage entre MM. Desor et Worsaæ sur le même sujet. Le professeur Desor demande quels sont les rapports présumés des pays scandinaves, dans l'âge du bronze, avec la Russie et son industrie. M. Worsaæ prétend qu'il n'y a aucune relation entre le groupe des bronzes asiatiques et scandinaves. M. Lerch (de Saint-Pétersbourg) confirme en peu de mots l'assertion de M. Worsaæ[1].

M. le comte de Saporta parle de la flore et du climat de l'époque quaternaire, à propos de la découverte des restes d'un *Ficus carica,* dans les tufs de Moret de la vallée de la Seine, et suppose que le climat de l'époque quaternaire dans l'Europe occidentale était humide et la température assez uniforme sur tout le continent de l'Europe. M. Dupont confirme cette opinion par la faune des cavernes quaternaires en Belgique, où on a trouvé des ossements de hyène, de renne et d'hippopotame. Enfin M. Desor présente

---

1. En parlant de la Russie, il faudrait distinguer la Russie proprement dite des provinces acquises au xviii° siècle et appartenant autrefois à la république de Pologne. Ces provinces communiquaient certainement avec d'autres pays occupés par les Slaves, le Mecklemburg, la Poméranie, l'île de Rügen, où l'influence scandinave, du moins à l'époque de l'âge du fer, est visible et prouvée. Aussi trouve-t-on parmi les objets des sépultures de l'âge du bronze postérieur et de l'âge du fer, des ornements, fibules, bagues, bracelets, qui reproduisent les types scandinaves et sont identiques avec eux. (Voir les ouvrages du comte E. Tyszkiewicz.)

des photographies des stations lacustres du lac de Bienne, mises à découvert par un grand abaissement des eaux.

Le jeudi 13, les membres, invités à une excursion à l'île de Björkö, s'embarquèrent à neuf heures au quai de Riddarholm, sur les bateaux à vapeur : *Aros, Örebrö* et *Nyköping*. Les membres du conseil et les présidents avaient l'honneur d'accompagner S. M. le roi, qui a bien voulu honorer de sa présence cette belle partie. Le paysage qui se déroule aux environs de Stockholm est un des plus magnifiques qu'on puisse imaginer. Les eaux du lac s'étendent à perte de vue; on ne se lasse pas de contempler et d'admirer des îles boisées, des villas sur les côtes, partout une verdure fraîche et des rochers pittoresques, magnifiques de forme et de couleur. C'est quelque chose de majestueux, de grandiose, qu'on ne trouve qu'ici. Le trajet à Björkö dure plus d'une heure. Après le débarquement, la plus grande partie des membres du Congrès, avec S. M. le roi, se rendirent sur les lieux, où une vaste nécropole de tumulus (on en compte près de deux mille) atteste l'emplacement d'une ville populeuse disparue. C'était un centre d'un commerce important, où le premier apôtre du christianisme, saint Ansgaire, prêcha l'Évangile et planta la croix du Sauveur. M. Stolpe, qui a fait le premier des fouilles et des recherches sur l'emplacement de l'ancienne ville de Birka, lut un mémoire sur ce sujet intéressant.

L'ancienne Birka existait et a disparu à une époque

reculée, du VIIe au Xe siècle. Saint Ansgaire avait à peine
converti ses habitants, quand les pirates de la basse
Baltique se ruèrent sur la ville et n'y laissèrent que
des décombres.

Au pied de la colline boisée, remplie de tumulus,
s'étend une plaine (d'environ six hectares), recouverte
d'une couche de 1 à 2^m,50 de cendres et de charbon,
d'os d'animaux et de débris de repas. La plaine,
depuis longtemps cultivée, s'appelle terre noire (*svarta
jorden*), station ou champ de la ville (*byasta'n*). Les
fouilles entreprises par M. Stolpe, aux frais de l'État,
en 1871-1874, ont fourni aux collections du musée un
nombre considérable d'objets intéressants appartenant
à l'âge de fer (dernier). On y a trouvé un trésor d'argent, seize bracelets, deux fibules à boucle, des
tringles-monnaies, entiers ou fragmentaires, un grand
nombre de fragments de bracelets et d'autres parures,
des monnaies cufiques (893-967 après J.-C.), des
monnaies byzantines (948-959). Le trésor, renfermé
dans une sébile de fer plate, a été découvert en 1872;
un autre, moins important, en 1873, fournit aussi des
monnaies cufiques et des parures en argent. D'autres
fragments d'objets en or, des perles d'ornements dis-
persées, ont été réunis par les soins de M. Stolpe.
Tous ces objets, dont l'énumération serait fastidieuse,
prouvent un état de civilisation assez avancé. A côté
d'armes, d'ustensiles de ménage et de parures, on
trouve des peignes de tisserand, des ciseaux et gouges
de charpentier, clefs, serrures, crampons, une masse

d'aiguilles, de petites sculptures, des pièces d'échecs et de dames, une flûte, des patins, etc., des pierres à frotter en verre, ayant servi à tisser des étoffes, des moules pour parures et barres en argent, moulins à bras, etc.

Les restes des habitations font présumer que c'étaient des maisons construites en bois, garnies de mousse, et en pisé comme les *klinhus* actuels de la Scanie. Les relations commerciales des habitants de l'île sont attestées par des restes d'animaux, des fragments de cornes de renne, des coquillages (*cyprea moneta*), d'ambre jaune, etc. M. Stolpe a pu déterminer, parmi les débris de repas, plus de cinquante espèces d'animaux, toutes les races domestiques et beaucoup d'autres, principalement des oiseaux de mer provenant du Skargard. Entre autres, on y a trouvé le castor, actuellement éteint en Suède, le rat noir, inconnu en Europe avant le XIIIe siècle, le lynx, le renne, la martre, etc.

Les tempêtes d'automne jettent sur le rivage situé au pied de la terre noire toutes sortes de fragments de charbon, de bois, de coquilles de noisettes et d'ambre jaune, tant travaillé que brut. M. Stolpe a recueilli parmi ces débris quelques outils en bois, des perles de verre et d'ambre. Sur une colline de granit, au sud de la terre noire, s'étend une vaste enceinte fortifiée, construite en blocs bruts ; à l'est, la ville était aussi protégée par une enceinte pareille, avec six issues, conduisant aux champs couverts de tumulus. Quelques-unes seulement de ces sépultures de l'âge du fer ont été explorées ; elles contenaient des ossements brûlés, quelquefois dans des urnes en terre cuite, des parures en bronze et des restes du repas des funérailles.

Les fouilles commencées en 1871 par M. Stolpe seront continuées pendant l'année prochaine, et on a lieu d'en espérer des résultats intéressants pour l'étude des mœurs et de l'économie domestique de la période des Vikings [1].

Après avoir inspecté les tranchées dans la terre noire et examiné les débris accumulés qui composent cette couche des détritus de la vie, l'assemblée retourna au rivage et s'embarqua pour le château de Gripsholm. Nous le connaissions déjà par des descriptions parues dans notre langue et les récits de voyage du compte Eustache Tyszkiewicz, du comte Alex. Przezdziecki, du comte Laurent d'Engeström, mais cela ne faisait que redoubler notre curiosité. C'est là qu'Éric XIV emprisonna son frère Jean III, le mari de Catherine Jagellone qui partagea sa captivité, après avoir répondu à ceux qui lui offraient la liberté, en montrant l'anneau nuptial, que la mort seule pouvait rompre ce que Dieu avait lié pour la vie. A Upsala nous nous sommes inclinés devant son tombeau, ici nous devions contempler les lieux où elle avait courageusement souffert en remplissant ses devoirs d'épouse. Malheureusement on devait dîner à Gripsholm, et la faim prit trop sur le temps qui nous restait, pour nous

1. Tiré en partie du bulletin imprimé. N° 6.

permettre d'étudier un peu la belle collection de portraits que le château renferme. Dans la cour, deux canons pris sur les Russes, œuvre du XVIe siècle, attirent les premiers l'attention. Pontus de la Gardie s'empara de ces pièces à la prise d'Iwangorod en 1581. Le château, tant de fois restauré, a perdu plus qu'il n'a gagné par des remaniements qui l'ont modernisé. Les deux prisons, celles de Jean III et d'Éric XIV, sont seules restées intactes. Celle de Jean conserve sur les murailles des peintures dans le goût de l'époque; elle n'est pas trop étroite et serait supportable si elle n'était une prison. La cellule d'Éric a l'air d'un cachot, elle est petite, les parois n'ont pas de stuc, c'est une cage à homme. Quatre petites lucarnes sans vitres, mais pourvues de grilles de fer, l'éclairent faiblement. On montre sur le plancher, le long du mur, l'empreinte des pieds du malheureux et les trous que ses coudes ont creusés dans le mur, quand il se penchait pour voir un peu de ciel et d'eau. Quels souvenirs terribles! Le château est littéralement tapissé de portraits; c'est toute une iconographie suédoise, on en compte à peu près deux mille. Cela explique pourquoi nous n'avons pu voir que quelques toiles notées d'avance : le portrait de Sigismond Ier, de Leszczynski, d'un ambassadeur de la République de Pologne et de quelques autres notabilités de notre pays. Le château est parfaitement tenu et pourrait servir de résidence à quelqu'un aimant la solitude et le recueillement. Les vues du château sont magnifiques comme dans tous les environs de Stockholm. Nous nous attardâmes un peu en furetant dans ce dédale de salles, cabinets, corridors, sous la conduite d'un bienveillant conducteur. Les bateaux chauffaient, il fallait bien s'embarquer. Le retour était une vraie féerie. Le jour commençait à baisser, sur les collines et îles avoisinantes, on nous saluait comme le matin par des coups de canon; des feux de bengale, des illuminations brillantes, des feux d'artifice surgissaient de tous côtés. Aux approches de la capitale tout cela devint encore plus ravissant sur le fond noir de la nuit; nous atteignîmes Stockholm émerveillés des magies de cette soirée.

Vendredi 14 août, les travaux du Congrès continuèrent de nouveau, et il ne nous restait que trop peu de temps pour venir à bout de la tâche que nous nous étions fixée. Notre programme embrassait le questionnaire suivant :

Comment se caractérise l'âge du fer en Suède? Quels en sont les rapports avec les âges antérieurs? Peut-on en déduire les relations avec les peuples contemporains de l'Europe méridionale? M. Hagemans prit la parole le premier au sujet de la communication faite par M. le comte de Saporta : la température probable de l'époque quaternaire en Europe. En préparant des travaux de construction, on a trouvé en Belgique, à Mozié (Namur), à une assez grande profondeur, un vase gris-noirâtre et des débris d'un cep de vigne sauvage, la *Vitis lambrusca*. M. Hagemans

en signalant cette découverte, dans une contrée où la
vigne n'est plus cultivée, parla aussi des monuments
trouvés en Belgique, qui permettent des suppositions
sur la distribution de l'ancienne population du pays.
On y trouve peu de monuments mégalithiques, les dolmens sont rares, les tumulus et les silex nombreux.
Les pays wallons ont un caractère tout différent des
pays flamands. M. Hagemans y trouve des traces du
culte de Baal (Balder) et y rattache le monument de
Bellingard. Les fêtes de Baal, à la veillée de la Saint-
Jean, sont restées une des coutumes du pays [1].

M. Ernest Chantre fait une communication qui
complète celles de la séance précédente; il parle de
l'âge du bronze en France, affirme son existence et
croit pouvoir établir deux divisions de cette époque.
La première est attestée par la masse des objets
(trésors) trouvés près des cols des Alpes, portant le
caractère des bronzes de l'Italie, qui étaient importés
dans la Gaule; la seconde, celle de l'industrie indi-
gène, se modelant sur les types fournis par l'Italie, a
laissé des traces nombreuses d'ateliers de fabrication

---

1. Ces fêtes de la veille de Saint-Jean (Koupala) se célèbrent
dans toute l'étendue de l'ancienne Pologne et les pays ruthènes.
Les vieillards, les jeunes gens, hommes et femmes, s'assemblent
autour de feux allumés, sur les lisières des forêts, exécutent des
danses, chantent et sautent par-dessus les bûchers. Le non de Baal
a de l'analogie avec celui de Bial-Biel-boh des Slaves. Ce culte de
Baal a-t-il été introduit chez nous par les Phéniciens eux-mêmes ou
par une nation précédemment initiée? on ne saurait le dire.

dans la vallée du Rhône, de l'Isère et du Jura. Il y a
eu des fonderies nombreuses, car on y a trouvé des
moules d'ustensiles et des outils de fondeur. M. Chantre
voit dans les produits français l'influence italienne et
des différences essentielles entre les types du Nord et
ceux du Midi. On fait passer sous les yeux du bureau
les planches nombreuses de l'ouvrage publié par
M. Chantre, représentant toute une série d'objets en
bronze, qu'on compare avec des instruments analo-
gues, trouvés en Scandinavie. M. Chantre fait aussi
distribuer aux membres du Congrès sa brochure :
*Projet d'une légende internationale pour les cartes
archéologiques préhistoriques (Lyon, 1874)*. L'auteur
de ces lignes avait précisément la mission de demander
au Congrès, au nom de la section d'archéologie préhistorique de l'Académie des sciences de Cracovie, que
le projet de légende internationale, dont l'initiative
appartenait au défunt comte Alexandre Przezdziecki
(cinquième session tenue à Bologne, 1871), fût sou-
mis à une commission nouvelle, qui déciderait sur
l'acceptation des signes proposés ou sur leur modification. Le 12 août, nous avons fait parvenir à
M. le secrétaire général la demande de l'Académie.
M. Chantre venait heureusement l'appuyer par sa
brochure, qui fut prise en considération et atteignit
le résultat voulu, c'est-à-dire le choix d'une commission devant statuer sur le projet de légende internationale à adopter. Notre lettre n'étant pas mentionnée dans le protocole, comme nous ne voulons pas

être accusés de négligence, nous constatons le fait.

La discussion continuait. M. Bertrand répond à la communication de M. Chantre, qu'il n'est pas disposé à accepter sa division de l'âge du bronze. Selon lui, et nous croyons son opinion fondée, le second âge du bronze se confond avec l'âge du fer ; les sépultures italiennes nous montrent déjà le fer à côté du bronze, vers le VIIIe siècle avant l'ère chrétienne. M. Bertrand a raison aussi en démontrant que l'âge du bronze diffère chronologiquement dans diverses contrées ; il se prolonge chez des peuples isolés et privés de contact avec les nations plus civilisées. L'Orient, le Caucase est le berceau de cette industrie, qui s'en va avec les courants de migration et de commerce, se partageant en deux voies et se développant selon les besoins et les caractères des peuples qui l'exercent. D'un côté, ce sont les épées qui abondent ; de l'autre, les parures et les ornements. M. Bertrand cite à l'appui Hérodote et Polybe, et il démontre la direction de ces deux courants civilisateurs. Il prouve que des objets en bronze, même identiques, peuvent, dans des pays différents, appartenir à des époques diverses. Toute cette déduction, résultat d'études sérieuses et comparatives, nous a semblé parfaitement motivée, et les pays slaves, où les limites des deux courants sont encore visibles, pourraient, par leurs données archéologiques, confirmer les idées de M. Bertrand. M. Hildebrand tient pourtant aux deux âges du bronze en Suède, parfaitement caractérisés, et ajoute qu'entre elles existent encore des formes de transition particulières.

M. Évans appuie les assertions de M. Bertrand ; il est aussi d'avis qu'au lieu de deux âges du bronze, il faudrait adopter la dénomination du commencement, de la transition et de la fin de l'époque du bronze. L'évolution ne se produit jamais subitement, et d'un coup les transitions s'effacent facilement ; on devrait se garder d'adopter des divisions trop tranchantes. Comme les couleurs de l'arc-en-ciel, les âges se confondent et se lient par des teintes insensibles et difficiles à apprécier.

M. Desor traite le même sujet, mais il fait ressortir la signification du mot « âge », qui ne doit pas être considéré comme expression chronologique, mais plutôt comme la désignation d'un moment historique, d'une nouvelle étape dans la voie du progrès. Les âges ne prétendent pas à établir une chronologie ; ils signifient la succession de certaines phases du développement des « étapes ». En quelques mots bien sentis, M. Desor rend justice aux travaux de M. Chantre, résultat de l'initiative privée, d'un amour pour la science qui seul produit des résultats que les publications officielles atteignent rarement. M. Desor ajoute des considérations sur la méthode, l'induction et les hypothèses scientifiques.

M. de Quast prend la parole pour rappeler que c'est en Scandinavie et principalement en Danemark qu'on a commencé à classer les monuments

préhistoriques, en admettant les divisions des âges
de la pierre, du bronze et du fer. Il croit aussi
que ces âges sont divers pour chaque pays, ce qui,
du reste, a toujours été admis et n'est pas nouveau.
M. Worsaæ, l'un des fondateurs de l'archéologie scandinave, et qui a le plus contribué par ses travaux à
établir ces divisions dont a parlé M. Bertrand, défend
son point de vue, principalement pour la Scandinavie.
Il croit qu'en Italie et en France des recherches
assidues pourront constater aussi l'existence de l'âge
du bronze et de ses subdivisions. Il y avait un temps,
ajoute M. Worsaæ, où on n'admettait pas même un
âge de la pierre en France; des découvertes nouvelles
ont pourtant surabondamment prouvé son existence.
M. Worsaæ contredit aussi l'assertion de M. Bertrand,
quant à l'âge du bronze en Grèce, et cite une série
d'objets provenant de ce pays qui se trouvent dans
le musée de Copenhague et ont quelque ressemblance
avec les bronzes scandinaves. Toute l'argumentation
du savant archéologue danois tend à maintenir la
division de l'âge du bronze en Scandinavie par des
faits incontestables. Il n'est pourtant pas prouvé que
la seconde période de l'âge du bronze ne se confond
pas avec l'âge du fer. L'absence fortuite de ce métal
ne saurait suffire.

M. Perrin parle presque dans le même sens, à
propos des fouilles dans les palafittes du lac de Savoie
et principalement du lac du Bourget. Il y a découvert
un grand nombre d'objets : moules en pierre et en

terre cuite, ustensiles, etc., qui démontrent un grand développement de l'industrie du bronze dans le bassin du Rhône, et permettent de reconnaître et d'établir deux phases de ce développement. Des fragments de fer qu'on a trouvés aussi dans ces palafittes se rapportent, selon M. Perrin, à une autre époque et à d'autres populations (?).

M. Leemans parle aussi des divisions; il admet leur justesse pour la Scandinavie, sans les accepter pour la Hollande. Les recherches faites ici ne permettent pas encore de distinguer les époques, excepté une, dans laquelle tout se confond, et qu'on pourrait nommer « l'âge préromain ». M. Leemans cite des trouvailles comme celle d'un canot, d'un instrument en bronze et d'une hache en pierre, le tout ensemble (Hollande).

M. Bertrand explique qu'il n'a pas nié l'existence de l'âge du bronze pur en Scandinavie, au contraire il la croit prouvée et accorde que sa durée a été fort prolongée; mais il ne faudrait pas la confondre avec l'âge du bronze en Italie, où le fer a été connu depuis longtemps. L'Italie ne possède pas de tombeaux de la première époque, où les corps étaient déposés sans être brûlés.

M. Hermelin présente un relevé noté sur une carte de la Suède des monuments préhistoriques sur les rives du lac Mälär. Les monuments runiques, sépultures, tumulus et autres vestiges de l'antiquité sont désignés sur la carte par différentes couleurs. Ces recherches permettent de distinguer les anciennes divisions du pays en communes, car les lieux de sépulture servaient pour chaque groupe de population distinct.

M. O. Montélius (qui avait présenté au Congrès de Bologne les spécimens des plus beaux bronzes scandinaves) lit une note sur l'âge du bronze en Suède. Les objets trouvés jusqu'à présent montent, selon lui, à près de 2,500, et leur répartition est très-inégale. En Scanie, où la pierre abonde, M. Montélius dit avoir été trouvés seulement 500 objets en bronze ; tandis que dans le reste du pays, en allant jusqu'au lac Mälär, les trouvailles montent à 1,000. Quand la population avance vers le nord, selon M. Montélius, la pierre diminue, le bronze la remplace. Quant aux formes qui pourraient faire supposer une provenance étrangère, M. Montélius penche pour la probabilité de l'introduction ou de l'imitation des glaives de l'Italie, et il cite une poignée scandinave exactement semblable à une autre trouvée à Lyon et figurée dans l'ouvrage de M. Chantre, dont il a été parlé plus haut. D'autre part, un ciste se trouve ressembler à ceux qui ont été recueillis en Sibérie.

M. Dupont propose une question intéressante sur l'époque où l'homme a subjugué les animaux et les a forcés à la domesticité ; quand la domestication commence? Les hommes occupent-ils la terre dans les époques préhistoriques, accompagnés des animaux domestiques ou non? Il cite le cheval, qui commence à apparaître dans l'époque quaternaire, comme servant à la nourriture de l'homme. Les ossements attestent qu'on mangeait énormément de cheval. A l'âge de la pierre polie, le cheval disparaît comme nourriture ; serait-ce le signe que sa domestication commence? M. Dupont demande une réponse à la question : si l'âge de la pierre avait déjà des animaux domestiques, comment pourrait-on le prouver? Y a-t-il un moyen pour en acquérir la certitude?

M. Desor répond à la question, qu'il considère comme très-importante, et il cite les faits observés en Suisse. A l'époque de l'homme troglodyte (des cavernes), il n'y a point de traces d'animaux domestiques ; plus tard, l'âge néolithique montre parmi les débris de l'industrie humaine une faune quaternaire et des animaux apprivoisés et élevés par l'homme : le bœuf, la brebis, le cochon. La domesticité enfin est prouvée dans les palaffites, par la présence des excréments de la chèvre, qui a été constatée.

M. de Baye fait la lecture d'un mémoire sur des sculptures, qu'il rapporte à l'âge de la pierre polie, découvertes dans les grottes artificielles de la Marne. Ces sculptures faites, à ce que suppose M. de Baye, avec des instruments en silex, représentent des figures humaines grossièrement dessinées, des oiseaux et des haches avec leurs gaînes.

M. Soldi ne croit pas à la possibilité d'entamer et de travailler le porphyre et d'autres pierres dures par le silex.

M. de Baye réplique que les cavernes sont faites dans la craie, qui se laisse facilement graver avec du silex.

M. Cazalis de Fondouce demande si les grottes avant d'être explorées n'avaient pas été ouvertes et visitées, et M. de Baye affirme que toutes les grottes à sculptures étaient fermées par des dalles, et leurs entrées complétement obstruées.

M. le baron de Kurck fait une réclamation. Il rappelle à M. Hildebrand qu'au Congrès de Bruxelles il avait improprement donné le nom de « province suédoise » à une division du territoire, qu'il voulait créer dans le Nord, pour l'étude de l'archéologie. Il cite cette expression d'après le mémoire de M. Hildebrand, qui ne la nie pas et s'explique l'avoir employée, pour être plus court, au lieu de la province ou territoire archéologique du nord de l'Europe.

Le baron de Kurck insiste sur l'inexactitude de l'expression, en ajoutant qu'on pourrait à la rigueur donner le nom de province danoise au territoire désigné, mais jamais suédoise, car cela induirait en erreur.

La séance est reprise après midi. M. Bohdanov occupe le fauteuil. M. Wedel lit un mémoire sur l'âge du fer en Scandinavie. Il cite des milliers de sculptures de l'âge du fer dans l'île de Bornholm, antérieures au contact avec le monde romain (?). M. Wedel constate aussi une succession des objets constituant une série des formes qui se développent depuis l'âge

du bronze jusqu'à l'âge du fer. Selon son opinion, le
fer a dû être apporté par une population nouvelle qui
a envahi le pays, et il prétend que cela put avoir lieu
aussi dans le reste de la Scandinavie, avant l'époque
romaine, sans que cette immigration ait changé la
race occupant le pays (??).

M. Regnault lit un mémoire curieux de M. Aspelin sur l'âge du bronze ou plutôt sur les antiquités
altao-ouraliennes, finnoises. Il trace un tableau des
fouilles entreprises dans la Sibérie occidentale et le
Baïkal et décrit les monuments trouvés, les sépultures
à squelettes, les cercueils en pierre et en bois, les
poteries et les bronzes. Les recherches aux bords
de la Volga et Kama ont mis à découvert des outils
en bronze et en fer, des figures et des dessins sur des
rochers. Ici tout prend un caractère particulier et ne
ressemble plus à ce qui se trouve au delà du Don.
Tous les produits de l'industrie préhistorique se mêlent
et se confondent ; bronze, pierre, fer vont ensemble.
L'art a un caractère particulier, la figure humaine
apparaît grossière et fantastique à côté des animaux.
Le mémoire de M. Aspelin prouve surabondamment
que c'est un monde inconnu, dont l'étude est encore à
faire. Le produit des recherches n'est ni classé, ni
déterminé. C'est une vraie *terra incognita*.

M. le Dr Virchow dit quelques mots à propos des
fouilles à Björkö, qui l'ont frappé par leur similitude
avec les restes de la ville de Youline en Poméranie.
Le caractère de ces débris est exactement le même.

M. Virchow trouve cette ressemblance si caractéristique, qu'il suppose une identité d'origine, là où il n'y a sans doute que similitude des civilisations contemporaines. Entre la ville de Birka et celle de Youline, leur construction, les objets retrouvés, les monnaies, etc., M. Virchow voit plus que des analogies. Nous croyons avoir entendu que l'illustre savant prétend que cette civilisation dont Birka et Youline nous présentent les débris, s'étendait jusqu'à la Vistule et la Moravie. Les antiquités slaves fourniraient facilement les plus amples données sur ce sujet.

M. Dirks parle sur le contenu des dolmens et des terpènes ou tertres de la Frise, explorés en 1849; il énumère les objets trouvés, poteries, urnes à couvercles, à anses, ustensiles en bronze, une figure d'ours en terre cuite, des cornes de cerf, etc.

M. Cazalis de Fondouce revient à la discussion entamée au Congrès de Bruxelles, combattant l'hypothèse d'une lacune existant entre l'âge du renne et l'âge néolithique. Cette opinion est soutenue par MM. Mortillet et Cartailhac. M. Cazalis présente sur ce sujet des considérations basées sur des phénomènes anthropologiques, géologiques et paléontologiques. Le mémoire est destiné à paraître dans le recueil qui va être publié. M. Cazalis parle aussi sur la question soulevée le matin par M. Bertrand, de l'âge de bronze dans le midi de la France. Il avoue qu'il est difficile à déterminer, mais croit pouvoir attribuer à cette époque les grottes artificielles de la Provence. Les faits cités par M. Cazalis viennent à l'appui de l'opinion de M. Bertrand, car ils prouvent que les monuments des âges différents se confondent, et les limites entre eux ne se laissent pas facilement saisir et définir. Les transitions sont ici plus visibles que les âges proprement dits. Dans les monuments mégalithiques du Midi, appartenant à l'époque de transition entre la pierre et le bronze, les cadavres ensevelis se mêlent aux os dont l'incinération est indubitable. M. Cazalis ajoute un fait qui permet de fixer l'époque où la domestication des animaux était accomplie; c'est une mâchoire de mouton trouvée dans les grottes du Midi, et qui porte certaines traces de domesticité (??).

M. Pigorini proteste contre l'opinion de M. Bertrand sur l'âge du bronze en Italie; il cite les terramares italiens, où le bronze se trouve constamment plus profondément enfoui que le fer.

M. Soldi remarque que l'absence du fer, qui ne résiste pas à l'action du temps et que la rouille ronge facilement, ne prouve rien encore. Le bronze persiste plus longtemps. M. Pigorini réplique que les fouilles dans ces terramares ont été faites avec un soin tout particulier, et que la présence de la rouille de fer y aurait été remarquée, si elle s'était trouvée.

M. de Schaffhausen prend la parole sur les antiquités de l'Allemagne, les monuments mégalithiques, les explorations dans les provinces rhénanes, dans l'Oldenbourg et la Westphalie, et présente un anneau en or avec une inscription soi-disant runique. Il a été trouvé près de Bonn et examiné par M. Dietrich de Marbourg, qui a prétendu y lire quelque chose. M. Jean de Zawisza, de Varsovie, lit un mémoire sur les stations néolithiques aux environs de Cracovie et principalement sur la caverne de Wierzchow. Il y a constaté la présence des objets de l'époque néolithique à côté des ossements d'animaux quaternaires.

M. de Baye communique une note sur les flèches en silex à tranchant transversal. Ces objets, qu'on croyait être des tranchets et des ciseaux, ne sont rien d'autre que des pointes de flèches, et la preuve, c'est que M. de Baye les a trouvés mêlés à des ossements d'hommes et d'animaux, et l'une d'elles était fixée dans une vertèbre humaine.

M. Franks, après avoir examiné l'anneau présenté par M. Schaffhausen, ne croit pas que les caractères qui y sont gravés soient des lettres runiques; selon lui ils composent un monogramme dans le genre de ceux qu'on a trouvés dans la Grande-Bretagne, et qui appartiennent à l'époque mérovingienne et carlovingienne.

La séance du 16 août devait être consacrée, selon le programme, à des débats sur la question : Quels sont les caractères anatomiques et ethniques de l'homme préhistorique en Suède? M. Leemans occupe le fauteuil.

M. Chaplain-Duparc présente le résultat des recherches faites par lui et par M. Louis Lartet, l'hiver dernier, dans la grotte Duruty, à Sordes, sur les frontières du Béarn et du pays basque. On y a trouvé une sépulture de l'âge de la pierre paléolithique, un crâne humain et une partie d'un squelette ; des dents d'ours et de lion percées, sculptées et gravées, et du silex, type des cavernes de la Vezère ; deux foyers superposés contenant des os brûlés du renne, du cheval, du bœuf, et de nombreux silex taillés ; puis une sépulture néolithique, renfermant des restes nombreux et des silex soigneusement polis, du plus beau fini. M. Duparc insiste particulièrement sur la succession immédiate du dernier foyer de l'époque du renne et de la sépulture néolithique, aussi bien que sur la persistance du type humain, qui se retrouve avec les mêmes caractères dans les deux époques.

M. Dupont, à propos de dents percées trouvées dans la grotte Duruty, rappelle que l'usage d'en porter de pareilles s'est perpétué jusqu'à nos jours parmi les chasseurs du Tyrol, et même en France et en Belgique. La tradition dure non interrompue.

M. Dupont distingue, dans l'époque quaternaire (Europe occidentale), deux groupes ou plutôt deux races diverses ; une des troglodytes, habitant des cavernes et ayant une industrie à eux, l'autre formant la population des plaines. Il suppose que ces derniers, à l'époque de la pierre polie, ont successivement envahi les cavernes et chassé les troglodytes, qui occupèrent des endroits fortifiés et à l'abri d'un coup de main. Les cavernes conquises servirent alors de lieux de sépulture. Dans l'une d'elles on a trouvé les crânes de Sclaignaux, dont M. Virchow a remarqué le développement, qui lui donne une apparence d'hydrocéphalie. Le docteur Virchow y voit un type macro-céphale, qu'il reconnaît aussi dans d'autres pays. M. Dupont suppose plutôt une déformation artificielle (écrasement du crâne), qui leur donne cette apparence hydrocéphale. L'écrasement serait produit par une pression d'en haut (?). M. Virchow réplique qu'il serait difficile de produire une macrocéphalie par écrasement. On revient à la discussion sur la persistance et la modification du type. M. Virchow accorde que le type peut se conserver pendant longtemps, quand les conditions dans lesquelles vit la population restent invariables; mais s'il y a développement, perfectionnement, amélioration dans la vie, soit matérielle, soit intellectuelle, le type ne saurait rester stationnaire.

La forme du crâne doit nécessairement changer. La culture, la civilisation tendent à perfectionner le type, les organes de la vie, et produisent plus de variations que le mélange des races. M. Virchow ne suppose pas une grande variété des races primitives, mais des développements divers et des transformations successives.

M. de Quatrefages saisit cette occasion pour s'expliquer clairement sur la permanence des types et leurs modifications. Il ne nie pas l'influence de la culture sur le développement des organes de la pensée et sur le crâne; il admet l'influence du milieu, les modifications, et réclame pour M. Brocca l'honneur d'avoir attiré le premier l'attention des hommes de la science sur l'action de l'intelligence dans le développement du crâne humain. Il est d'accord avec M. Virchow sur ce sujet; mais la formation des races n'exclut pas la permanence des types. Des races d'animaux se sont formées sous nos yeux : en Amérique, nouvelle race de bœufs; dans la Plata et le Cansas, bœufs à tête de bull-dogue, etc. Le phénomène de l'atavisme ramène de nouveau au type primitif. Un nombre infini de faits prouve sa persistance. La tâche de l'anthropologiste, conclut M. de Quatrefages, est de déterminer les races les plus anciennes et d'en poursuivre les filiations et les modifications qu'elles ont subies jusqu'à nos jours.

M. Virchow répond que, malgré l'apparence d'un accord sur certains principes, il ne partage pas les opinions du préopinant. Il ne croit pas qu'on puisse établir les caractères d'une race par l'examen et l'inspection d'une seule calotte, comme celle de Néanderthal, manquant de base et de face, et qui complétée aurait peut-être présenté un tout autre aspect. L'atavisme, une fois admis sans restriction, pourrait mener à des inductions fort risquées. Il faut un certain nombre de faits concordants pour acquérir la certitude qu'il n'y a pas d'exception individuelle et de cas pathologique. Un seul crâne ne suffit pas pour prononcer sur le caractère d'une race.

M. de Quatrefages répond qu'il n'a pas basé ses inductions sur un seul crâne (Néanderthal), il a fait appel à d'autres éléments, et il cite le crâne de Gibraltar, qui est presque complet. La calotte seule avec les orbites peut être facilement complétée et suffit, selon M. de Quatrefages, pour reconnaître le type de la race à laquelle l'individu a appartenu. Les détails les plus minimes n'ont jamais été négligés. Il cite les travaux de Brocca, Topinard et autres. Quant à la théorie de Vogt sur les microcéphales, M. de Quatrefages l'a combattue. La seule inspection du crâne lui a fourni des inductions, que le reste du squelette démentit. Les microcéphales se sont toujours montrés improductifs. Le prognatisme, du reste, n'est pas un signe d'idiotisme. Cette discussion intéressante est close et M. van Dueben lit une note sur les caractères anatomiques et ethniques de l'homme préhistorique en Suède. Il décrit les crânes des Lapons et compare leur structure à ceux qui ont été trouvés dans des tombeaux préhistoriques.

M. Zittel fait une communication sur les silex taillés de l'Égypte. Il a trouvé des lames de silex paraissant avoir été taillées de main d'homme dans le désert, à une vingtaine de milles géographiques à l'ouest de l'oasis Dahel. M. Zittel, en s'appuyant sur les recherches de Desor, Martins, etc., et sur ses propres explorations, pense qu'à la fin de la période diluvienne, le climat de l'Égypte était plus humide et pouvait être habitable. On examine les silex présentés par M. Zittel, et M. Desor y voit des traces indubitables du travail humain, mais il ajoute qu'en déterminant ces objets il faut bien se garder de prendre pour une pierre taillée un produit fortuit du hasard.

M. Hamy rappelle qu'il a, le premier, avec
M. Lenormant, trouvé des silex taillés en Égypte,
aux environs de Thèbes. On revient encore à l'anneau
de **M.** Schaffhausen, et **M.** Engelhardt prétend que les
inscriptions et caractères runiques ne se trouvent plus
au delà de la ligne qui sépare le Holstein du Sleswig.
Il n'y en a pas, selon lui, en Allemagne. En parlant
des caractères runiques, il ajoute quelques observations sur la distribution des menhirs.

La séance de l'après-midi, présidée par **M.** Hildebrand (père), était la dernière du Congrès.

M. de Baye a présenté des dessins des poteries de
Barbonne (Marne), attribuées par lui à l'âge du bronze.
M. Belluci lit une note sur les études et recherches
archéologiques, faites en Ombrie (Italie), sur les
trouvailles d'ateliers de fabrication d'armes et outils
en pierre, les explorations des cavernes et d'une station à ciel ouvert. Il présente aussi le résultat des
analyses chimiques de quelques bronzes italiens, et
affirme qu'on n'a pas trouvé des armes et outils préhistoriques en cuivre pur.

M. Lorange lit une dissertation sur l'âge de fer en
Norvége; il rend compte des recherches et fouilles
faites dans le pays, qui ont amené la découverte
d'objets de l'âge du fer. Tes tumulus caractérisent
cette époque. **M.** Lorange les classe en trois caté-
gories différentes, représentant trois phases successives de l'âge du fer.

La première et la plus nombreuse se distingue par

l'absence de toute influence romaine ; la seconde en recèle les premiers indices; la troisième, qui se prolonge jusqu'au vi^e siècle de notre ère, comprend beaucoup d'objets de provenance romaine et des imitations. M. Lorange espère que les recherches qui se poursuivent en Norvége serviront à déterminer l'époque de la transition de l'âge du bronze à celui du fer. M. Oppert revendique pour la philologie la coopération aux études préhistoriques, tout en avouant qu'on en a abusé en Allemagne. Il parle de la grande famille des peuples indo-européens, mais n'admet pas de race indo-européenne. Quant aux langues scandinaves, il trouve dans leurs éléments des traces d'une population primitive d'origine finnoise.

M. Landberg ajoute quelques observations sur ce sujet.

M. Schaffhausen présente, de la part du professeur Hausenwerth, des bijoux d'ambre, dont les uns viennent des environs de Kertsch en Crimée (l'ancienne Panticapée), et les autres des ruines de l'ancienne ville de Cumes.

M. Prarond lit un mémoire sur les recherches faites à Abbeville et sur un atelier d'instruments en silex des environs de cette ville. M. Hildebrand présente un travail de M. Aspelin sur le caractère des formes dans l'âge du fer, du groupe finnois-ongrien. M. Desor, ayant examiné les dessins de M. Aspelin, regrette qu'il n'ait pas présenté les originaux, qui forment une série fort intéressante et riche des types finnois.

M. Lerch intervient en annonçant que l'Université
d'Helsingfors, avec l'aide de M. Aspelin, se propose
de publier un atlas d'antiquités de la Finlande.

La réponse de M. Oppert à M. Landberg, con-
cernant les langues primitives, dont le philologue
avoue ne pouvoir dire rien de précis, clôt la séance
et les travaux du Congrès.

LL. MM. le roi et la reine de Suède et de Norvége ayant invité tous les membres du Congrès au château de Drottingholm, à sept heures du soir les
bateaux à vapeur *Sköldmön, Westeräs, Esaias-Tegner*
attendaient au quai de Riddarholm pour les transporter à la résidence royale.

Ce magnifique château est une des plus belles
créations du Tessin. On peut y aller en bateau ou en
voiture, car l'île de Lafön, sur laquelle il est situé (lac
Mälär), communique par deux ponts avec la terre
ferme. L'édifice, dont les fenêtres donnent sur des
paysages de verdure et d'eau, est entouré d'un vaste
parc élégamment dessiné. Vers huit heures, les
bateaux à vapeur débarquaient les invités près du per-
ron du château, aux sons d'une musique militaire
postée sur l'escalier splendide qui conduit aux apar-
tements royaux du premier étage. L'assemblée, fort
nombreuse, car personne n'eut garde de manquer à la
fête, se dispersa dans les salons ornés de peintures
historiques. La présence de beaucoup de dames ani-
mait la société. S. M. le roi et la famille royale appa-
rurent dans la grande salle des portraits des souverains

contemporains d'Oscar Ier. S. M. le roi, la reine et la reine-mère vinrent recevoir les hommages de leurs hôtes, qui étaient présentés par les ambassadeurs et le président du Congrès. Nos compatriotes, après avoir salué le roi et la reine, ont cherché l'occasion de se présenter à S. M. la reine-mère, dont le cœur compatissant pour l'infortune et les bienfaits leur étaient depuis longtemps connus par les bénédictions de nos exilés ayant trouvé un asile en Suède et une providence dans Sa Majesté. L'aspect des salons était brillant et la réception vraiment royale. LL. MM. se sont entretenues avec la plupart des invités avec une bienveillance qui leur gagna tous les cœurs. Un peu plus tard, un souper était servi dans les salles du rez-de-chaussée, et toute la société s'y rendit au son de la musique. M. Worsaæ eut l'honneur de porter au nom du Congrès un toast à Leurs Majestés, en exprimant sa reconnaissance pour la réception si hospitalière en Suède et l'intérêt que Leurs Majestés ont bien voulu porter aux travaux de cette assemblée internationale.

S. M. le roi prit la parole, et dans un discours improvisé il parla de la Suède, qu'il nomma la cadette entre les nations de l'Europe, mais n'en poursuivant pas moins avec une noble ambition le même but que ses aînées.

Des applaudissements accueillirent le discours du roi. Un moment après, les bateaux emportaient au son de la musique les hôtes de Leurs Majestés. Le retour était aussi féerique que le jour de l'excursion à

Gripsholm. Le pont qui joint l'île à la terre ferme était brillamment illuminé; les collines et les îles apparaissaient à la lumière des feux d'artifice et des flammes de bengale. Chaque village, chaque maisonnette voulait spontanément prouver aux étrangers que la nation suédoise, aussi bien que l'auguste famille royale, s'intéressait à ces pèlerins de la science, venus de loin pour chercher et répandre la lumière.

Dimanche à deux heures, les membres du Congrès se réunirent pour la dernière fois dans la salle des Nobles pour la cérémonie de la clôture, à laquelle S. M. le roi a bien voulu assister aussi.

M. le comte Hamilton prononça un discours en annonçant que la session était terminée et que le prochain Congrès siégera, en 1876, à Buda-Pest.

M. le comte Zalouski, chargé d'affaires de l'Autriche-Hongrie, ayant reçu un télégramme officiel de son gouvernement, monta à la tribune pour remercier les membres du Congrès de leur choix et pour les assurer qu'ils trouveront en Hongrie la même franche et cordiale hospitalité qu'en Suède. Le discours a été fort applaudi; puis M. Capellini salua encore le Congrès de la part de S. A. R. le prince Humbert d'Italie. M. Desor prit la parole pour remercier la Suède et résumer les résultats scientifiques de la session. Le secrétaire général remercia ensuite MM. les secrétaires Chantre, Cazalis de Fondouce et Landberg de leurs travaux. M. Capellini, au nom de tous, rendit hommage au président de l'Assemblée, dont la bienveillance pour tous ne se démentit jamais. Un discours du comte, adressé à Sa Majesté, au Congrès, à tous ceux qui, par leur sympathie, ont donné des preuves d'intérêt pour le progrès des sciences, termina la session, que le président déclara close.

Nous ne saurions terminer cette notice sans dire un mot du musée Hammer, œuvre unique en son genre, fruit de toute une vie de travail et de sacrifices, collection qui ne déparerait pas un château princier. M. Christian Hammer, simple particulier, a exécuté à lui seul ce que, ailleurs, les efforts réunis des sociétés et des gouvernements ont à peine pu atteindre. Le musée Hammer, c'est une vivante histoire de l'art et du travail. Une grande maison en ville et une magnifique villa (villa Byström) suffisent à peine pour contenir les trésors que M. Hammer a réunis; on ne saurait comparer ce musée qu'à la collection de Dubruge-Duminil, que le gouvernement français a acquise pour enrichir le musée de Cluny.

On ne peut que souhaiter à la Suède l'acquisition du musée, pour en faire une propriété nationale. Nous nous contenterons, pour donner une idée de cette collection, dont le catalogue général n'a pas moins de cent mille numéros, de quelques mots empruntés à un connaisseur... « Le musée Hammer, dit-il, est une vaste synthèse artistique dénommée par son propriétaire lui-même : Collection relative à l'histoire de l'art et du travail. » On y trouve de tout, depuis les

bronzes égyptiens et romains et les antiquités de l'âge
de pierre scandinave, jusqu'aux éventails rococo ; depuis
les vases sacrés en or et en argent merveilleusement
ciselés et enrichis de pierres précieuses, jusqu'aux
tableaux lascifs de Watteau, de Boucher et de Frago-
nard ; depuis les instruments de musique et les armes
les plus rares jusqu'aux verroteries les plus extrava-
gantes et aux autographes les plus introuvables. Il
faudrait des volumes pour dépeindre les merveilles
d'un musée dont le catalogue général tient à peine en
dix-huit gros in-folio. » M. Hammer voulut couronner
les fêtes qui ont accueilli les membres du Congrès
en Suède, par une réception dans sa magnifique villa
Byström. Un souper splendide fut servi aux invités et
la plus franche gaieté régna à ce banquet d'adieu, ou
les yeux, la curiosité, le cœur, l'âme et le corps étaient
rassasiés... en même temps.

Entre autres surprises agréables, des pyramides
de pierres taillées et polies étaient exposées sur des
tables, sans être protégées contre les archéologues.
Nous ne saurions garantir si elles se sont retrouvées
intactes après l'invasion des étrangers...

Le souper était animé par la plus franche gaieté,
et des discours en toutes langues se firent entendre en
l'honneur de l'amphitryon. On but de grand cœur à la
santé de l'homme qui dota sa patrie d'un trésor ines-
timable.

Les résultats du Congrès ne se laissent pas définir

facilement. Le protocole est bientôt fait; les effets se laissent attendre et doivent mûrir. On se tromperait étrangement en s'attendant à quelque chose d'immédiat et de saisissable, mais on serait injuste en niant la bienfaisante influence de ces assemblées internationales. L'archéologie, par la nature de ses recherches, dont le champ est illimité, a plus qu'aucune science au monde besoin de planter sa tente un peu partout; elle est nomade et cosmopolite, elle est forcée de comparer et de ne négliger aucune contrée et aucun monument. Toutes les nations sont appelées à lui payer leur tribut.

Dans ces réunions des savants venus de toutes les parties du monde, ce n'est point dans la salle des séances officielles qu'il faut chercher le fruit des travaux, mais dans l'échange intime des idées et des notes diverses qui se complètent. Chacun apporte à ce banquet commun les produits de sa terre natale, pour les partager fraternellement avec les autres. Ce que la diversité des langues rend difficile, ce que l'éloignement et les distances rendent onéreux, devient accessible et facile par les assemblées internationales. On apprend l'existence d'études ignorées, je dirais presque de pays inconnus, on fait la connaissance des hommes et des choses.

Ce résultat à lui seul suffirait pour expliquer et justifier les congrès. Leur durée rend les discussions presque illusoires, on entame d'ordinaire plus qu'on ne saurait résoudre; pourtant l'idée germe, le doute

inquiète et s'en va avec les savants, les poursuit en
route, les taquine chez eux, et engendre des études
et des solutions, qui pour venir un peu plus tard
n'en sont pas moins les bienvenues.

Le congrès de Stockholm, s'il n'a pas tranché les
questions qui lui étaient soumises, a pourtant for-
mulé plusieurs idées fécondes, déterminé le but des
recherches futures et attaqué de front quelques difficultés jusqu'à présent insolubles. Les discussions ont
été animées, sans être envenimées par des antago-
nismes que la science répudie.

Les questions les plus intéressantes reviendront
sans aucun doute au futur Congrès, où on apportera
de nouvelles lumières, pour les éclairer. Parmi elles,
les suivantes nous semblent dominer : les divisions et
la durée de l'âge de la pierre, la transition à l'âge du
bronze, chronologie des âges préhistoriques dans différents pays, provenance et industrie du bronze en
Italie, en France, dans le Nord, en Finlande ; divisions de l'âge du bronze ; climat de l'Europe à l'époque
quaternaire ; domesticité des animaux ; la persistance
et les modifications du type des races humaines, etc.

Toutes ces questions ont été traitées par les
savants les plus compétents, qui ont consacré leur
vie à des études sur ces sujets ; on n'a pas dédaigné
les faits que des inconnus venaient offrir comme le
denier de la veuve, et à plusieurs reprises ces communications sont venues jeter des lumières nouvelles.
Le Congrès a donc bien mérité de la science et il a

rempli consciencieusement ses devoirs. M. Desor l'a très-bien dit : L'idée de ces assemblées n'était qu'un gland quand on l'a plantée dans une modeste réunion à la Spezzia ; elle est devenue un arbre puissant, dont les rameaux s'étendent au loin aujourd'hui. Puisse-t-il croître encore et prospérer !

PARIS. — J. CLAYE, IMPRIMEUR, 7, RUE SAINT-BENOIT. — |1558|